| 사람과 프로그래머 #12
| 프로그래머의 길을 생각한다

코딩의 미래

홍전일 지음

사람과 프로그래머 #12

코딩의 미래 – 인공지능이 최고의 코드를 만들어내는 세상이 온다

지은이 홍전일 **1판 1쇄 발행일** 2022년 6월 17일
펴낸이 임성춘 **펴낸곳** 로드북 **편집** 홍원규 **디자인** 이호용(표지), 심용희(본문)
주소 서울시 동작구 동작대로 11길 96-5 401호
출판 등록 제 25100-2017-000015호(2011년 3월 22일) **전화** 02)874-7883 **팩스** 02)6280-6901
정가 16,000원 **ISBN** 978-89-97924-98-1 93000

책 내용에 대한 의견이나 문의는 출판사 이메일이나 블로그로 연락해 주십시오.
잘못 만들어진 책은 서점에서 교환해 드립니다.

이메일 chief@roadbook.co.kr **블로그** www.roadbook.co.kr

"미래를 준비하는 사람만이 미래에 살아 남고,
나아가서 미래를 만들어갈 수도 있습니다."

목차

프롤로그 _ 09

1장_ 미래 소프트웨어 중심사회

2020 우주의 원더키디 _ 14

아이언맨 _ 16

토니가 필요해 _ 20

자비스로 키우는 교육 _ 27

2장_ 컴퓨팅의 역사

에니악 시대 _ 34

프로그래밍 언어 시대 _ 35

미래로 가는 길 _ 39

과거에서 현재 그리고 미래 _ 45

3장_ 하드웨어

보일러실 청년 _ 48

반도체 _ 49

트랜지스터 낭비하기 _ 53

특이점이 온다 _ 55

4장_ 소프트웨어

코딩이란 _ 60

알고리즘 _ 60

알고리즘을 만드는 알고리즘 _ 63

마스터 알고리즘 _ 67

미래 코딩 _ 69

5장_ 플랫폼

뻐꾸기 알 _ 74

플랫폼 _ 76

게임 이론 _ 79

인터넷 _ 83

하드웨어, 소프트웨어 그리고 플랫폼 _ 88

6장_ 코딩과 생각

생각 _ 92

코딩과 생각 _ 97

객체지향적으로 생각하라 _ 100

컴퓨팅 사고 _ 105

7장_ 생각의 도구

기억의 값어치 _ 110

고무 오리 _ 113

논리와 직관 _ 118

푸앵카레의 도구 _ 123

8장_ 책 읽기

조선의 기틀 _ 128

책 읽기의 작동원리 _ 130

책 읽기와 미래 _ 135

책 읽기 방해 요소 _ 136

책 읽기 노하우 _ 142

코딩과 독서 _ 153

독서와 생각 _ 156

9장_ 생각과 코딩

레인맨 _ 160

직관적 사고 _ 163

C 언어와 직관적 사고 _ 168

객체지향 프로그래밍과 직관적 사고 _ 173

안티패턴의 원인 _ 177

결정론적 사고와 직관적 사고 _ 180

코딩을 위한 사고 _ 181

10장_ 콘텐츠시대

냅킨의 가치 _ 188

장기판, 장기알 그리고 장기꾼 _ 190

고양이가 짖을 때까지 기다릴 것인가? _ 194

기술시대 _ 197

콘텐츠시대 _ 199

코드 콘텐츠 _ 202

마중물 _ 207

글쓰기 _ 209

11장_ 미래환경

포도원 _ 216

이타적 유전자 _ 219

장기판의 다리 _ 221

산업의 변화 _ 225

교육 _ 228

조직사회 _ 233

코딩 작업 _ 237

개발자의 콘텐츠 _ 240

12장_ 코딩의 미래

밀레니엄 버그 _ 246

애플 _ 250

콘텐츠 코드 _ 253

코딩의 미래 _ 256

에필로그 _ 258

그림 목록 및 출처 _ 266

참고도서 _ 269

찾아보기 _ 293

프롤로그

"코딩을 강요하기 전에, 잠깐 멈춰서
좀 더 먼 미래를 생각하자"

10년도 넘은 기억입니다. 힘든 하루 일과를 마치고 퇴근하는 길이었는데요. 버스 차창 넘어, 어두운 하늘을 배경으로 가로등이 연이어 지나가는 걸 보고 있었습니다. 뒷좌석에서 대화 소리가 들려오기 시작했는데, 아마도 대학에서 컴퓨터공학을 전공하고 졸업을 앞둔 여학생인 모양이었습니다. 졸업 후 진로에 대해서 이야기하며, 코딩하는 일은 하지 않겠다고 하더군요. 너무 힘들고 어렵다는 말을 들었다고 했습니다. 그래서 '기획' 쪽 일을 하려고 하는데, 그건 시키기만 하면 되니까 문제없다는 식으로 말했습니다.

　세상 물정 모르는 학생이라고 혼잣말을 했습니다. 기획일이 쉬운 게 아닌 데 말이죠. 그러다가 문득 그 앞에 "코딩 일이 어렵다"라는 말에 뜨끔했습니다. 그러고 보니, 코딩 일이 어렵다는 것이 사실이었거든요. 당시만 해도, 30대 중반이면 힘들어서 코딩 일을 하지 못한다고들 하던 시기였습니다. 어쩌면 고집스럽게 '코딩'을 붙잡고 있는 저 같은 사람이 세상 물정을 모르는 건지도 모르겠다 싶더군요.

얼마 후, 코딩을 학교 교과목에 넣게 된다는 기사를 접했습니다.

"이 어려운 일을 애들에게도 시킨다고?" 저도 모르게 소리를 냈더니, 옆자리 동료가 쳐다봅니다. 그리고는, 생각이 꼬리에 꼬리를 물었습니다. 지금 고생하고 있는 개발자들의 수고가 정책자들에게는 정말 '열정페이' 정도일 뿐인 건가? 이런 환경을 개선하면 알아서 사람들이 일하겠다고 올 텐데, 그게 아니라 가르쳐서 일하는 사람을 늘리겠다는 게 할 말인가?

하지만 해결책이 없는 생각의 굴레는 바쁜 일상에서 점차 잊혀져갔고, 얼마 후 '코딩 과외 열풍'이라는 기사를 보게 되었습니다. 그리고 최근에 이르러서는 '코딩 열풍'이라는 말이 들려옵니다.

그래서 왜, 코딩을 배워야 한다고 하는지 궁금해졌습니다.

찾아보니, 코딩하는 일이 점점 많아진다는 전망이 있어서, 취업 준비생 입장에서는 어쩔 수 없는 선택일 수도 있겠더군요. 그리고 아이들, 아이들에게 코딩을 가르쳐야 한다는 건, 미래 사회에 아이가 살아가려면 '컴퓨팅 사고'가 필요한데, 코딩 교육으로 그걸 갖게 해 줄 수 있다는 것이었습니다. 물론, 국가 입장에서는 미래 코딩 인력 확보가 목적이겠지만요.

그럼, 지금 아이들에게 코딩을 가르치면 미래 그 아이들이 성장해서 아이들의 미래가 밝아지고, 우리나라 미래 산업을 이끌어갈 수 있을까요? 하지만 이 부분에서 저는 회의적입니다. 최근에 읽었던 〈프로그래머의 뇌(2022년)〉에서 제 생각과 같은 이야기를 발견했습니다.

> "살로몬이 조사한 연구 중 다수에서 아이들이 성공적으로 특정 프로그래밍 기술을 습득하더라도 그러한 기술은 다른 인지 영역으로 전이되지 않는 것으로 나타났다."
>
> - 펠리너 헤르만스, 〈프로그래머의 뇌(2022)〉, 126쪽 -

다시 말해서, C 언어를 가르치면, 컴퓨팅 사고가 느는 게 아니라 C 언어를 잘할 뿐이라는 것입니다. 바둑을 가르쳐서 바둑을 잘하게 되면, 바둑만 잘하는 거지, 장기를 잘할 수는 없는 노릇이거든요. 하지만 우리나라 '코딩 교육 열풍'은 그걸 기대하고 있습니다.

일자리가 많다고 뛰어드는 취업준비생은 어떨까요? 어디까지 보고 코딩을 배우는 걸까요? 설마, 취업만하면 끝이라고 보는 건 아니겠죠? 문제는 평균 수명입니다. 취업만 하면 끝이라고 보고 진로를 결정하기엔 너무 오래 살게 됐습니다. 대학을 졸업한 후 20대 중후반에 취업을 위해 진로를 바꾸었다고 치면, 어쩌면 앞으로 50년을 코딩해야 할지도 모르거든요.

그렇다면, 우리의 진로를 바꾸기 전에, 또는 우리 아이들에게 코딩을 강요하기 전에, 잠깐 멈춰서 좀 더 먼 미래를 생각해 봐야 하지 않을까요?

이 책은 그런 고민을 정리한 이야기입니다.

2022년 5월

홍전일

1장

미래 소프트웨어 중심사회

2020 우주의 원더키디

1989년 〈2020 우주의 원더키디〉라는 애니메이션이 텔레비전을 통해 방영되기 시작했습니다. 30년 후 미래에 태양계를 벗어나는 우주시대가 열릴 거라는 이 이야기는 아이들에게 2020년에 대한 상상과 기대를 품게 했습니다.

[그림 1-1] 2020 우주의 원더키디

그리고 드디어 2020년이 되었습니다. 하지만 연초부터 흉흉한 소문이 들리더니 결국 2020년은 어린 시절의 기대감과는 전혀 관계없는 한 해가 되었습니다. 코로나19는 전 세계적으로 확산되었고, 많은 사람이 죽고, 고통을 받게 되었습니다. 특히 코로나19가 몰고 온 불황이 전 지구를 강타했고, 경제적으로도 전 세계가 타격을 받았습니다.

하지만 모든 산업계가 타격을 입지는 않았습니다. 모든 사회생활에 비대면이 강조되기 시작하면서, 비대면으로 회의를 하고, 업무를 보고, 생필품이나 음식 등을 배달하는 IT 플랫폼들은 한순간에 몸집을 불리는 계기가 되었습니다.

결국, 갑자기 많은 개발자를 필요로 하게 되었고, 코딩을 할 줄 알면 취업이 가능하다는 소문이 돌면서, 코딩을 배우는 사람이 많아지기 시작했습니다. 코딩 열풍이 불기 시작한 겁니다.

코딩에 대한 관심은 사실 2020년 코로나19 팬데믹 이전에도 있었습니다. 먼저, 교육계의 코딩 열풍은 2014년부터 시작되었는데요. 미래 사회가 소프트웨어 중심사회가 될 거라고 예견한 정책자들은 아이들에게 소프트웨어 의무 교육을 하겠다고 했고, 2년 남짓 지난 2016년부터는 유치원 아이들에게까지 코딩 과외를 시키는 사람도 있었습니다.

정치권이나 경제계에서는 '4차 산업시대'에 대한 이야기가 흘러나왔습니다. 인공지능의 발전이 부각되면서 미래에 많은 직업이 사라질 거라는 염려로 떠들썩하기도 했고요. 코딩을 모르면 미래 사회에서 생존이 힘들지도 모른다는 불안감을 가지기에 충분했죠. 그런 와중에 2020년을 맞게 된 겁니다.

2020년 코딩 열풍의 현장은 마치 크리스마스이브 명동 거리 한복판 풍경과 같습니다. 많은 사람이 떠밀려서 어디론가 가는 풍경입니다. 발밑에 뭐가 있는지도 모르고, 어디로 가는지도 모르는 사람들이 그냥 떠밀려가는 쪽으로 가다 보면 탈출구가 있겠거니 기대하는 거죠. 하지만 잘못하면, 물구덩이를 밟을 수도 있습니다. 그리고 엉뚱하게 가고 싶지 않은 곳에 가게 될 수도 있고요.

그러니, 어디로 가는지, 나는 어디로 가고 싶은지는 알고 떠밀려가도 가야 할 겁니다. 그래서 그 이야기를 해보려 합니다. "우리가 어디로 가고 있는지", "어디로 갈지" ….

아이언맨

〈아이언맨〉은 1960년대 마블 코믹스의 동명 원작 만화를 2008년에 영화화한 작품입니다. 〈아이언맨〉의 주인공 토니 스타크는 천재적인 공학자이며, 갑부였습니다. 아버지의 거대 군수산업을 물려받았거든요. 〈아이언맨〉 1편에서는 제멋대로 살던 토니 스타크가 '아이언맨'이라는 히어로로 거듭나는 장면을 설명해줍니다. 토니 스타크의 회사에서 만든 군수품은 토니 스타크도 모르는 사이에 테러 집단에게 팔려가고 있었는데요. 토니 스타크가 죽을 고비를 넘기면서 이를 알게 되었습니다. 토니 스타크는 이를 바로잡아야 한다고 생각하게 되었고, 군수 기업을 접고 아이언맨 슈트를 만들게 됩니다.

아이언맨 슈트는 영화의 중요 키워드였기 때문에, 〈아이언맨〉에서는 아이언맨 슈트를 제작하는 과정을 자세하게 묘사하고 있습니다. 토니 스타크가 슈트를 설계하는 모습, 부품을 하나씩 만들어 가는 모습, 그리고 만든 부품들을 테스트해보는 과정까지 묘사하고 있죠. 이 모든 과정에 토니 스타크와 함께 한 존재가 있었는데요. 바로 '자비스'였습니다. 자비스는 인공지능 시스템인데요. 설계 과정, 부품을 만드는 과정, 그리고 비행 실험을 진행하는 과정에서 토니 스타크를 돕고, 조언하는 역할을 합니다. 게다가 실험이 끝나서, 완성품을 만들 수 있는 상황이 되자, 스스로 모든 설계를 조합해서 완성품을 만들고 색칠까지 자동으로 해주는 역할을 하죠.

[그림 1-2] 아이언맨과 자비스

우리는 토니 스타크와 자비스가 일하는 장면을 유심히 볼 필요가 있습니다. 왜냐하면 미래 소프트웨어 중심사회가 도래할 때, 각 분야 전문가가 이와 같은 방식으로 일하게 될 테니까요.

사람들은 '마법과 같은 기술의 변화'를 마주하게 되면, 그 기술이 물놀이장의 미끄럼틀 같은 역할을 할 거라 기대하는 경향이 있습니다. 기다란 미끄럼틀 끝이 보이지 않지만, 결국엔 유토피아나 디스토피아로 이끌어다 줄 것이라 보는 거죠. 그러나 기술은 우리를 어딘가로 이끌어다 주는 다리가 아닙니다. 우리가 하고 싶은 걸 더 잘하게 하는 도구에 불과하죠.

〈기술 중독 사회(2016년)〉의 저자 켄타로 토야마는 "기술은 가교가 아니라 기중기"라고 표현합니다. 기술이 가교가 되면 우리는 수동적으로 기술이 그려놓은 미래에 이끌리게 되겠지만, 기술이 기중기라면, 갈 곳을 정하는 건 우리 자신입니다. 기술은 도구로써 우리가 하는 일을 잘하게 해주는 것뿐이죠.

한 가지 예를 들어보겠습니다. 에디슨은 노년에 텔레비전 기술을 언급한 적이 있다고 합니다. 텔레비전이 미래의 교육을 사라지게 할 기술이라고 보았다는 건데요. 텔레비전이 제공하는 몰입감이 학교가 제공하는 그것에 비해 비교할 수 없을 만큼 뛰어났기 때문입니다. 따라서 학교들은 사라지고 학생들은 집에서 텔레비전으로 수업을 듣게 될 거라고 상상했던 거죠. 하지만 텔레비전을 '도구'로 사용한 사람들은 교육자가 아니었습니다. 교육방송 대신 각종 오락방송을 내보냈죠. 그래서 텔레비전은 교육을 개혁하지 않고 재미있는 볼거리를 제공하는 역할을 하게 되었습니다.

토니도 자비스를 기중기로 사용했습니다. 아무도 모르게 혼자서 세상에 어느 무기보다 뛰어난 아이언맨 슈트를 만들어 냈으니까요. 자비스의 역할이 없었다면, 토니가 그렇게 빠르게 아이언맨 슈트를 만들 수는 없었겠죠.

에릭 브린욜프슨, 앤드루 맥아피의 〈제2의 기계 시대(2014년)〉[01], 홍성원의 〈생각하는 기계 vs 생각하지 않는 인간(2021년)〉[02]에는 '프리스타일 체스 경기' 이야기가 나옵니다. 체스 참가자들에게 컴퓨터를 쓸 수 있도록 해 준 경기였는데요. 경기의 우승자는 '동시에 세 대의 컴퓨터를 이용한 미국의 아마추어팀'이었다고 합니다. 최신 컴퓨터를 지닌 그랜드 마스터도 슈퍼컴퓨터도 이들을 이기지 못했는데요. 이는 미래 사회 전문가 집단이 어떤 방식으로 일하게 될지를 예견해주는 사건이라 볼 수 있습니다. 다시 말해, 앞으로 사회에서는 소프트웨어 기술을 기중기처럼 잘 활용하는 사람들이 가장 경쟁력 있는 전문가가 될 겁니다.

이를 좀 더 구체적으로 이야기하겠습니다.

---

01 239쪽 참고
02 136쪽 참고

토니가 필요해

수학자인 마커스 드 사토이는 〈창조력 코드(2020년)〉에서 수학자들이 인공지능과 함께 일하게 될 거라 이야기합니다.

'수학'이라는 과목에 대한 선입견 때문에 수학자라면 계산을 '빨리' 하는 사람쯤으로 생각할 수 있는데요. 사토이는 수학자가 '증명법을 고안하는 사람'이라고 말해주고 있습니다. 만약 수학자가 새로운 증명법을 만들었다면, 그 증명법이 제대로 된 증명법인지 검증하는 과정이 필요할 텐데요. 이때에 단순한 계산도 필요하겠지만, 해당 증명법까지 이르기 위해 비교적 단순한 증명이 다수 필요할 수도 있을 겁니다. 수개월 또는 수년 동안 지속적으로 지적 에너지를 투입해야 하는 상황에 놓이는 거죠. 보통 힘든 일이 아니기 때문에, 그만한 지적 에너지를 끌어내어 소비할 수 없는 사람들, 즉 노년의 수학자들은 업적을 쌓기 어려워진다고 합니다.

실제로 G. H. 하디라는 수학자는 〈어느 수학자의 변명(2016년)〉에서, "내가 아는 한, 50세 이상의 수학자에 의해 중요한 수학적 진보가 이루어진 경우는 지금껏 단 한 번도 없었다[03]"라고 이야기하기도 했습니다. 벌써 노년에 이르러서, 수학적인 업적을 쌓는 쪽으로 시간을 보내기보다 책을 저술하는 쪽으로 눈을 돌리게 되는 본

---

03 29쪽 참고

인을 우울하게 묘사하는 거죠.

그런데 만약 수학자는 증명법을 고안해 내고, 그 검증은 인공지능이 해 줄 수 있다면 어떻게 될까요? 수학자들은 그렇게 엄청난 지적 에너지를 끌어다 쓰지 않아도 자기 이론을 증명할 수 있게 될 겁니다. 게다가 인간의 통찰력은 나이가 들수록 더 깊어집니다. 다시 말해 나이 든 수학자도 자기 나이에 맞는 수학적 업적을 쌓을 수 있게 되는 거죠.

자! 수학자 토니 스타크를 상상해보죠. 나이 많은 토니가 따뜻한 커피를 들고 눈 오는 창밖을 내다보는 장면입니다. 한참 동안 창밖 먼 산을 뚫어져라 바라보던 토니가 깊은 사색에서 빠져나오면서 뒤돌아섭니다. 그러곤 자비스를 부르는 거죠.

"자비스! 이런 방식으로 증명되는지 확인해봐!"

〈창조력 코드〉에서는 이런 인공지능이 만들어지기 시작했다고 이야기합니다. 심지어, 몇 년 전 세상을 떠들썩하게 했던 '딥마인드'라는 회사에서 그 일을 하고 있다는군요. 딥마인드는 '알파고'를 만들어서 이세돌 9단과 바둑 대결을 벌였던 회사입니다. 인공지능이 수학적 증명을 하는 기술은 아직 시작 단계에 불과하지만 알파고를 발전시켰던 딥마인드는 언젠가 수학 분야의 알파고도 만들어 낼 겁니다.

[그림 1-3] 알파고와 이세돌 9단의 대국

이에 대한 마커스의 표현이 참 재미있습니다.

"에베레스트산 정상에 오르는 일은 산소통 정도만 있으면 가능하겠지만, 달에 가는 일은 인간과 기계가 힘을 합치지 않으면 불가능하다."

- 마커스 드 사토이, 〈창조력 코드〉, 262쪽 -

인간이 달에 가려면, 우주선이 절실하게 필요하죠. 그만큼 '수학 증명 인공지능'이 절실하다고 보는 겁니다. 게다가 '수학 증명 인공지능'은 단순히 일을 돕는 정도가 아니라 불가능한 장벽을 넘어서는 도구로써 역할을 하게 될 거라 기대하는 거죠.

마커스의 기대에 대한 근거는 다시 〈창조력 코드〉에서 찾을 수 있습니다.

> "정석을 쓰는 바둑 기사는 대체로 알파고가 발견한 신전략을 쓰는 기사에게 두 집 차로 진다."
>
> - 마커스 드 사토이, 〈창조력 코드〉, 69쪽 -

바둑에 대한 이야기죠. 그런데 인공지능 알파고가 만든 전략을 쓰는 사람은 그렇지 않은 사람에게 항상 이긴다는 겁니다. 알파고가 우주선 역할을 한 셈인데요. 어떻게 된 일일까요?

바둑에서 말하는 '정석'은 바둑돌을 놓는 전략을 뜻합니다. 오랜 시간 많은 사람에 의해서 바둑돌을 어떻게 두어야 바둑을 이기게 되는지 연구된 거죠. 아마도 수많은 경험에 의해서 만들어진 전략일 겁니다. 그런데 알파고가 신전략을 발견했다는 겁니다.

알파고를 만든 딥마인드는 알파고의 학습전략을 여러 가지로 사용했다고 알려져 있는데요. 학습전략에 따라서 알파고에 다른 이름을 붙였다고 하더군요. 예를 들어서 이세돌 9단에게 이겼던 알파고는 '알파고 - 리'라고 불렀다고 합니다.

알파고 - 리는 바둑의 정석과 수많은 기보를 재료로 학습했다고 하는데요. 이는 현재 시점까지 인간이 발전시켜온 바둑의 전략이 학습재료가 된 것이라고 볼 수 있습니다.

하지만 '알파고 - 제로'라는 버전도 있다고 하네요. 이건 바둑의 정석이나 기보를 재료로 쓰지 않고, 아무것도 없는 상태에서 바둑의 게임 규정만을 알려주고 스스로 학습하게 했다고 합니다. 사흘 만에 490만 판의 바둑을 혼자 두어 보는 방식으로 학습한 알파고 - 제로는 알파고 - 리에게 항상 이기는 전략을 가지게 되었다고 하는군요.

그럼 두 가지 학습 방법에 어떤 차이점이 있기에 알파고 - 제로가 알파고 - 리에게 필승하는 전략을 갖게 된 것일까요?

그림을 한번 그려 보겠습니다.

[그림 1-4] 필승 전략을 위한 산봉우리 문제

두 개의 산봉우리를 그린 건데요. 2번 지점과 4번 지점이 봉우리죠. 우리 목표는 높은 봉우리를 찾는 것입니다. 하지만 문제가 있는데요. 우리는 지도도 없고, 어느 봉우리가 더 높은지 볼 수도 없습니다. 구름과 안개 때문이죠. 따라서 일단 시작점을 정하고 점점 더 높은 곳으로 올라가 보는 수밖에 없습니다.

이제 시작 지점을 정해볼까요? 시작 지점은 땅에 맞닿아 있는 1, 3번이 가능하겠네요. 1번에서 등산을 시작한다고 해보죠. 조금씩 높이, 제대로 올라가면 봉우리에 가까워질 수 있겠죠. 그럼 어느 시점에는 2번 봉우리를 발견할 수 있겠네요. 하지만 2번까지 올라간 다음엔 더 이상 움직일 수 없습니다. 더 앞으로 나가면 낮아지기 때문에 봉우리를 지나치게 되거든요. 그럼 우리는 2번 봉우리가 가장 높은 봉우리라고 생각할 수밖에 없게 됩니다.

하지만 보는 것처럼 4번 봉우리가 더 높은 봉우리죠. 우리가 더 높은 봉우리를 찾고 싶다면, 2번 봉우리에서 내려와서 3번 지점에서 다시 등산을 시작해야 합니다.

그런데 만약 2번까지 등산한 시간이 3천 년쯤 걸렸다면, 다시 내려올 생각을 할 수 있을까요? 그건 불가능합니다.

두 개 봉우리는 바둑의 필승전략을 의미합니다. 인간은 약 3천 년가량 시간을 사용해서 2번 봉우리를 찾아냈습니다. 다시 말해 4번 봉우리가 있는 것조차도 우리의 관심 대상이 아닙니다. 왜냐하면 4번 봉우리로 오르기 위한 노력과 시간이 또 3천 년 쯤 걸린다면, 그건 안 하느니 못한 일이거든요.

하지만 알파고-제로는 나흘 만에 490만 번 바둑을 둘 수 있습니다. 다시 말해, 인간이 하면 3천 년 동안 걸릴 일을 나흘 만에 해낼 수 있다는 겁니다. 그럼 말이 달라집니다. 3번에서 시작해서 봉우리를 올라가는 일을 해볼 수 있게 된 거죠.

인공지능이 달 착륙 우주선 역할을 하는 이유가 바로 여기에 있습니다. 인공지능은 정해진 일을 빠르게 해 줄 수 있습니다. 그럼, 우리가 알던 방법보다 더 나은 방법을 찾을 수 있게 됩니다.

바둑이나 수학 분야만 이럴까요? 미술, 음악 분야에는 이런 부분이 없을까요? 제조업 분야에는 어떨까요? 교육 분야는요? 경영 분야는요?

자비스와 함께 일한다면, 우리는 모든 분야에서 더 나은 결과를 만들어 내는 달 착륙(탐사) 우주선을 타게 되는 겁니다.

그러니 컴퓨터를 잘하는 아마추어 체스팀이 그랜드 마스터와 슈퍼컴퓨터를 이길 수 있었던 겁니다.

'소프트웨어 중심사회'란 바로 이런 사회가 아닐까요? 소프트웨어 기술이 기중기와 같은 역할을 하는 '사회', 토니 스타크와 자비스가 일하듯 우리 또는 우리의 미래 세대가 소프트웨어 기술을 이용해서 더 놀라운 일을 해내는 그런 '사회' 말이죠.

이제 좀 심각한 문제를 하나 짚겠습니다. 지금까지 우리가 가지고 있었던 교육체계는 사실 토니 스타크보다는 자비스를 만들어내는 교육체계였습니다. 학교라기보다는 로봇 공장에 가까웠거든요.

자비스로 키우는 교육

'수가타 미트라'는 인도의 과학자입니다. 그는 인지과학과 교육 분야에서 탁월한 업적을 쌓고 있는 인물인데요. 그는 "구름 속에 학교를 짓다"라는 제목의 TED 강연에서 "우리가 아는 학교는 더 이상 쓸모없다"라고 이야기합니다. 알다시피, TED 강연은 세계적인 명사를 초청해서 강연을 듣는 콘텐츠입니다. 고액을 주고 참석하는 사람들은 직접 강연을 들을 수 있고, 그 외에 인터넷을 통해 듣는 사람들은 무료로 강연을 들을 수 있습니다.

[그림 1-5] 수가타 미트라의 TED 강연 모습

수가타의 주장에 따르면 현재 교육 시스템은 3백 년 전에 영국이 식민지 사업을 할 때 만들어진 것이라는 겁니다. 한때 영국은 '해가 지지 않는 나라'라고 불릴 만큼 전 세계적으로 식민지를 많이 건설했었는데요. 식민지를 건설하면 그 식민지를 운영할 시스템이 필요합니다. 물론, 당시에 인공지능 컴퓨터가 있었다면 컴퓨터로

그 시스템 전반을 구축했을지도 모르지만, 3백 년 전에 그런 컴퓨터가 있을 리 없었겠죠. 그래서 사람으로 시스템을 구축했습니다. 사람이 부품이 된 건데요. 학교를 통해 이 부품들을 생산해냈습니다. 시스템 속에 부품들이 자기 자리에서 자기 일을 해내는 것처럼, 식민지 학교가 생산한 인간 부품들도 자기 자리에서 자기 일을 수동적으로 해냈습니다.

영국 본토에 있는 토니 스타크들이 문서와 법률을 만들어서 보내면, 세계 곳곳에 있는 자비스들은 본국에 있는 스타크의 명령에 따라 식민지를 운영했던 겁니다.

좀 더 들여다볼까요? 각지의 인간 자비스들은 영국에서 보내온 법률이나 명령서를 읽고 그대로 식민지를 운영해야 했습니다. 그러니 읽고 쓰기를 잘해야 했겠죠. 식민지의 생산품과 영국의 공산품을 들여오고 내 보내는 업무를 보기 위해 셈도 잘해야 했습니다. 그럼, 식민지 시스템에서 필요한 인간 자비스는 국어, 영어, 수학(산수)이 가장 필요한 과목이었겠군요.

시스템이 안정적으로 동작하게 하려면, 끼워 맞추는 부품이 일률적이어야 합니다. 부품이 일률적이려면 해당 부품의 규격이 있어야 하고, 규격에 맞는지 검수하는 과정이 필요하겠죠. 우리가 경험했던 학교교육에 부품 검수 과정이 있습니다. 바로 각종 시험들, 자격 시험들이 그것이죠. 시험에 통과하는 건, 제대로 된 부품임을 증명하는 것이니, 시험만 통과하면 모든 게 용납되는 분위기가 되겠군요.

옛날 선생님들이 하던 말씀이 떠오릅니다. "이해 못하면 외우기라도 해라." 그렇습니다. 이해할 필요가 없는 겁니다. 검수과정을 통과할 만큼 머릿속에 저장만 되어 있으면 되는 거죠.

학교가 경쟁사회가 되는 이유도 여기서 찾을 수 있습니다. 시스템의 부품은 그 개수가 한정적이고 부품이 되고 싶어 하는 사람은 당연히 많았을 겁니다. 그러니 학교에서 동료는 경쟁상대입니다.

마찬가지로 선행학습이 필요한 이유도 유추할 수 있습니다. 먼저 배워서 더 빠르게 더 높은 점수로 검수과정을 통과해야만 하는 겁니다. 더 말할 나위 없이, 우리 세대가 경험했던 교육체계는 수가타의 주장과 너무 잘 들어맞고 있습니다.

그런데 미래 사회는 인공지능 자비스들이 인간 토니 스타크와 일하는 사회가 될 겁니다. 그렇다면 식민지 교육과정에 영향을 받은 인간 자비스들은 미래 소프트웨어 중심사회에서 인공지능 자비스와 자리다툼을 벌여야 할지도 모릅니다.

상당히 상징적인 이야기를 하나 하죠.

1960년대 마블 코믹스에서 아이언맨 만화를 처음 그렸을 때, 그때는 인공지능 자비스가 없었습니다. 만화에서 자비스는 사람이었어요. 베트맨의 집사처럼 자비스도 집사였습니다. 하지만 2008

년 아이언맨이 영화화되면서 자비스는 인공지능 컴퓨터로 바뀌었습니다.

[그림 1-6] 1960년대 만화에 등장한 인간 자비스(가운데 사람)

마찬가지로 '미래의 소프트웨어 중심사회'에서는 현재 인간 자비스들이 하는 일의 대부분을 인공지능 자비스들이 할 겁니다. 인간 자비스들은 인공지능 자비스들에게 일자리를 빼앗기게 되는 거죠. 그러니, 우리가 받았던 교육 방식을 고수하는 건, 우리와 우리 아이들에게 위험한 선택이 될 겁니다.

〈알고리즘으로 세상을 지배하라(2016년)〉에서, 상당히 재미있는 이야기를 보았습니다. 1980년대 주식거래 시장의 선배들이 '패더피'라는 후배에게 조언한 이야기인데요.

"거래는 말이야, 당신의 머리, 직감, 담력에 관한 거지, 얼빠진 종이 쪼가리에 있는 게 아니야."

- 크리스토퍼 스타이너, 〈알고리즘으로 세상을 지배하라〉, 50쪽 -

당시 패더피는 증권 트레이딩에 알고리즘을 적용해보겠다고 연구하고 있었던 중입니다. 자기 이론에 대한 실전적인 데이터를 모으려고 작업하다 보니 항상 이를 분석하는 노트를 들고 다녔겠죠. 그러나 기존의 월스트리트가 움직이는 방식은 패더피의 생각과는 많이 달랐습니다. 선배들은 당연한 조언을 해준 겁니다. '직감', '담력'이 더 중요하다고요.

그러나 패더피는 작동하는 알고리즘을 찾아냈고, 이를 컴퓨터에 프로그래밍해서 넣었으며 이것으로 월스트리트를 점령했습니다. 그 결과 '직감'과 '담력'을 강조하던 그 선배들은 모두 월스트리트에서 쫓겨났습니다. 마치 인간 자비스가 인공지능 자비스로 교체된 것과 같은 결과를 낳은 거죠.

'소프트웨어 중심사회'가 어떤 모습이 될지 생각해봤습니다. 미래 사회는 토니와 자비스가 함께 일하는 사회가 될 겁니다. 인공지능 자비스가 토니에게 강력한 도구가 되어서 순식간에 아이언맨 슈트를 만들 수 있게 해주듯, 인공지능 자비스를 다룰 수 있는 사람들은 엄청난 일을 할 수 있는 사회가 될 겁니다.

다음 장부터는 우리가 가는 길의 방향에 대해 이야기하려고 합니다. 방향을 알려면 어디서 왔는지 따져보면 됩니다.

2장

컴퓨팅의 역사

에니악 시대

최초의 전자식 컴퓨터는 '콜로서스'라는 이름의 컴퓨터였습니다. 1943년 영국에서 암호해독용으로 사용했다는군요. 하지만 1940년대 전자식 컴퓨터 중에서 가장 많이 알려진 컴퓨터는 '에니악'이었습니다. 심지어 한동안은 에니악이 최초의 전자식 컴퓨터로 알려지기도 했고요. 1946년에 만들어져서 1947년부터 8년간 사용된 에니악은 말 그대로 괴물이었습니다.

[그림 2-1] 콜로서스(왼쪽)과 에니악(오른쪽)

컴퓨터의 무게가 무려 30톤이었다고 하는데요. 1만 8천 개가량의 진공관을 사용했다고 합니다. 진공관은 0 또는 1의 상태를 갖는 부품입니다. 컴퓨터는 0과 1의 조합을 확장해서 다양한 논리와 계산식을 만들어 쓰는 논리 기계니까, 진공관이 많아야 했습니다.

에니악에게 명령을 내리는 방식은 배선판 조작이었습니다. 길게 늘어선 배선판 앞에, 배선판을 조작하는 사람들이 서서, 연결선을 꼽는 방식이었습니다. 지금은 코딩으로 순식간에 결과를 보는 일이, 당시에는 몇 주간, 많은 사람의 노력이 필요한 작업이었을 겁니다.

복잡하고 불편한 전기 배선판 방식 대신 '천공카드'를 사용하기도 했습니다. '천공카드'는 종이카드에 구멍을 뚫어서 코드를 표현하는 도구인데요. 현재 OMR카드와 비슷한 모양이었을 겁니다.

배선판을 쓰든, 천공카드를 쓰든, 사람이 컴퓨터의 명령을 하나씩 조합해서 프로그램을 만들어 내는 건, 정말 끔찍한 작업이었습니다. 아무리 익숙해진다 해도, 0과 1의 조합은 사람이 이해하기에는 힘들죠. 그런데 그레이스 호퍼라는 사람이 획기적인 해결책을 내어 놓습니다. 바로 '컴파일러'를 만들어 낸 거죠.

프로그래밍 언어 시대

컴퓨터 프로그래밍 역사상 가장 획기적인 발명은 컴파일러입니다. 컴파일러는 사람이 이해하기 쉬운 프로그래밍 언어를 컴퓨터가 실행할 명령의 조합으로 '번역'해 주는 일종의 프로그램인데요. 컴파일러 발명 후, 사람들은 더 고차원적인 프로그램을 만들 수 있게 되었습니다.

처음 그레이스 호퍼가 만든 컴파일러는 A-0라는 이름이 붙여

졌고 1952년에 나왔다고 합니다. 그 후 1950년대에는 다양한 개념을 가진 컴파일러가 나오기 시작했는데요. 과학적 수식을 표현하기 쉽게 하려고 만든 포트란(1954년), 수학적 구조를 가진 리스프(1958년), 비즈니스 로직을 표현하기 좋게 만든 코볼(1959년) 등이 세상에 나왔습니다. 특히 코볼은 그레이스 호퍼가 만들었다고 하네요.

[그림 2-2] 그레이스 호퍼

그 후 1972년에는 역사적인 프로그래밍 언어가 세상에 나옵니다. 바로 'C 언어'죠. 미국의 벨 연구소에서 '유닉스'라는 시스템을 만드는 작업을 하던 데니스 리치와 켄 톰슨이 만든 프로그래밍 언어입니다. 원래는 켄 톰슨이 자기들이 속한 연구소 이름을 따서 B

언어를 만들었는데요.[01] 이걸 데니스 리치가 수정하며 B를 계승한다는 의미로 C 언어라고 이름 지었다고 하네요. C 언어가 사용되는 분야는 상상을 초월할 정도로 많습니다. 집에서 쓰는 소형 가전기기부터 복사기, 프린터기, 초창기 웹을 구성할 때도 C 언어로 했습니다. 심지어 다른 컴파일러를 만들거나 운영체제를 만드는 데도 사용합니다.

[그림 2-3] 켄 톰슨(왼쪽)과 데니스 리치(오른쪽)

현재 가장 많이 사용되는 프로그래밍 언어는 '파이썬'과 '자바스크립트'입니다.

먼저, 파이썬은 '귀도 반 로섬'이라는 사람이 크리스마스 휴가 동안 보람 있게 보낼 일을 찾다가 만들었다고 합니다. 한 달이 좀 넘는 시간 동안 만든 프로그래밍 언어라는 말이죠. 하지만 많은 인기를 누리고 있습니다. 특히 영어문장과 가장 비슷한 프로그래밍 언어이기 때문에 읽기 쉬워서 프로

[그림 2-4] 귀도 반 로섬

---

01 여담이지만, 켄 톰슨은 현재 구글에서 GO라는 언어를 만들고 있습니다. 자기가 속한 조직의 이름을 프로그램 언어 이름으로 쓰는 건 켄 톰슨식 작명법인지도 모르겠군요.

그래밍을 처음 공부하는 사람에게 많이 권하게 됩니다.

인공지능 분야에서 가장 많이 쓰는 언어도 파이썬입니다. 과학 실험이나 통계적 작업이 필요한 분야에서도 파이썬을 많이 사용하고요. 증권투자나 웹 프로그래밍 분야에서도 파이썬을 씁니다.

[그림 2-5] 브렌던 아이크

파이썬을 한 달 만에 만들었다고 했는데요. 자바스크립트는 열흘 만에 만든 언어입니다. 자바스크립트를 만든 브렌던 아이크는 넷스케이프 브라우저에서 사용할 용도로 자바스크립트를 만들었습니다.[02]

자바스크립트가 만들어진 초창기에는 웹페이지에 역동성을 주기 위해서 자바스크립트를 썼습니다. 기억하는 분도 있을 것 같은데요. 2000년대 초반 웹페이지 중에는 화면에 눈이 내리는 모습을 보이거나 마우스 주변을 따라다니는 예쁜 그림을 보여주는 웹페이지가 있었습니다. 그런 걸 자바스크립트로 만들었죠. 하지만 브라우저 업계의 판도가 바뀌어 마이크로소프트가 만든 인터넷 익스플로러가 대세로 자리 잡고, '플래시'로 더 예쁘게 웹페이지를 만들 수 있기 때문에, 자바스크립트는 퇴출되는 수순을 밟아가게 되었습니다.

---

02 넷스케이프는 마이크로소프트가 인터넷 익스플로러 브라우저를 만들기 전에 브라우저 업계를 주도하던 브라우저입니다.

그러나 구글에서 만든 G메일이 신호탄이 되어서 자바스크립트가 되살아나는 시대가 열립니다. 이를 웹 2.0이라고 부르는데요. 웹 1.0 시대에는 화면을 웹페이지 단위로 불러 보여줬습니다. 그렇지만 웹 2.0 시대에는 화면을 조각, 조각 나눠서 읽어다 보여줄 수 있게 되었습니다. 화면에 프로그래밍 요소가 가미되기 시작한 거죠. 이에 따라 자바스크립트가 되살아나기 시작했습니다.

미래로 가는 길

이제 빌 게이츠에 대해서 이야기를 해야 합니다. 1980~1990년대 컴퓨팅 역사를 이해하려면 빌 게이츠를 빼고 이야기할 수 없는데요. 빌 게이츠가 마이크로소프트를 창업해서 마이크로소프트를 이끄는 동안, 마이크로소프트는 IT분야의 트렌드를 주도하는 역할을 하는 회사였기 때문입니다.

[그림 2-6] 빌 게이츠

빌 게이츠는 부유한 집안에서 태어났습니다. 그래서 중학생 때 학교에서 컴퓨터를 접할 수 있었다는군요. 당시 컴퓨터는 꽤 고가였기 때문에 몇몇 대형기관만 큰돈을 들여서 컴퓨터를 들여놓던 시대입니다. 당연히 학교도 컴퓨터가 있을 수 없었습니다. 하지만 빌 게이츠가 다니는 학교는 부유한 집안의 자녀들이 많이 다니고 있었고 부유한 학부모들 덕에 학교에 컴퓨터를 들여놓을 수 있었답니다. 그래서 빌 게이츠는 남보다 빠른 시기에 컴퓨터를 접해볼 수 있었고, 컴퓨터의 미래 가능성을 이해했던 것 같습니다.

1969년 미국 법무부는 IBM이 컴퓨터 하드웨어에 소프트웨어를 끼워 판매하는 것이 위법적이라고 판단합니다. IBM이 하드웨어에 소프트웨어를 함께 넣어 팔고 있었거든요. 1975년쯤 기소당할 것이 예견되자, IBM은 소프트웨어를 끼워 팔지 않겠다고 선언합니다. 당시는 IBM이 거의 독점적으로 컴퓨터를 제공하던 시기라서 IBM이 소프트웨어를 놓아준다는 건, 곧 소프트웨어를 판매하는 시장이 생긴다는 말과 같았습니다. 게다가 인텔은 초소형 컴퓨터(훗날 개인용 컴퓨터)에서 사용할 수 있는 중앙처리장치(CPU)를 만들기 시작했습니다.

당시 하버드 대학교를 다니던 빌 게이츠는 소프트웨어 시장이 폭발적으로 늘어날 것을 예측했던 것 같습니다. 그러니 하버드 대학교 학위보다 창업하는 게 더 중요하다고 판단했겠죠. 그래서 학교를 그만두고, '작은 컴퓨터에서 돌아가는 소프트웨어'를 만드는 회사라는 의미의 '마이크로소프트'를 창업합니다.

하지만 문제가 있었습니다. 당시 소프트웨어 전문가들은 소스

코드를 공유하는 걸 당연하게 여겼거든요. 어차피 소프트웨어는 하드웨어에 끼워서 판다는 분위기에서 소프트웨어 자체의 금전적인 가치보다, 지식을 공유하는 개념이 더 중요하게 여겨졌을 겁니다. 지식은 공유할수록 더 발전할 수 있으니까요. 하지만 빌 게이츠의 마이크로소프트는 소프트웨어의 금전적 가치가 훨씬 중요해야만 했습니다. 소프트웨어를 팔아야 하니까요.

그래서 회사를 창업하고, 1년 후 소프트웨어 전문가들이 보는 잡지에 글을 기고하는데요. 이 글에서 소스코드를 공유하는 것은 도둑질과 같은 행위라며 맹비난합니다. 이건, 당시 시대상황과 시장의 변화 방향을 정확히 읽어낸 행동이라고 볼 수 있는데요. 제러미 리프킨은 이 행동을 '금 긋기'라고 표현했습니다.[03]

이제 1980년대로 가보죠.

1980년대로 들어서자마자 애플의 스티브 잡스는 그래픽 운영체제인 매킨토시를 만들기 시작했습니다.

사실 당시 컴퓨터는 문자 입력 방식으로 사용했습니다. 컴퓨터를 켜면 컴퓨터 상태를 나타내는 문장들이 주르륵 올라가고, 사용자의

[그림 2-7] 스티브 잡스

---

03 〈한계비용 제로 사회(2014년)〉 참고

2장. 컴퓨팅의 역사 **41**

명령을 입력받겠다는 화면이 껌벅껌벅하며 기다리던 그런 시대였거든요. 그 때문에 컴퓨터를 쓰려면 일단 컴퓨터를 배워야만 했습니다. 물론 지금도 컴퓨터를 배워서 쓰긴 합니다. 하지만 컴퓨터에게 명령을 내리기 위해서 마우스로 아이콘을 클릭하는 것과 키보드로 명령을 타이핑하는 건 전혀 다른 차원의 문제입니다.

애플이 매킨토시를 만들고 있었지만, 매킨토시 컴퓨터와 운영체제만 만들어서는 시장에서 팔 수 없습니다. 그 안에서 돌아가는 프로그램들이 필요하죠. 하지만 애플이 그 모든 걸 모두 만들 수 있을 만큼 큰 회사는 아니었습니다. 게다가 컴퓨터를 사용하는 주요 요인(킬러 애플리케이션이라 부릅니다)이었던 오피스 프로그램의 경우는 마이크로소프트가 잘 만들었습니다. 당시 가장 유명한 오피스 프로그램 개발자가 마이크로소프트에 있었거든요. 그래시 스티브 잡스는 매킨토시 안에 들어가는 오피스 프로그램을 마이크로소프트에 하청을 주기로 합니다.

그래서 빌 게이츠가 애플에 불려갔습니다. 오피스 프로그램 하청을 받으려고요. 이때 애플에 가서 매킨토시를 본 빌 게이츠는 바로 윈도우즈 운영체제 개발을 시작했습니다. 물론, 스티브 잡스도 빌 게이츠가 이렇게 나올 줄 알았기 때문에, 계약서상에서 그렇게 하지 못하도록 못 박아 놓았지만, 빌 게이츠는 계약서상의 맹점을 찾아냈습니다. 그래서 거의 비슷한 시기에 윈도우즈를 출시하기에 이릅니다.

상당히 얄밉고, 도덕적으로도 비난할 만하지만 빌 게이츠는 단신으로 애플에 찾아가서 단판을 지었고, 마이크로소프트가 윈도우즈를 팔 수 있는 상황을 만들어냅니다.

1990년대에 들어서면서, IT업계는 또 다른 변화가 감지되기 시작합니다. 소프트웨어의 크기가 커지고 소프트웨어 변화도 빈번해지면서, 소프트웨어를 패키징해서 파는 건 한계에 부딪힐 것이 불 보듯 뻔했습니다. 그럼, 소프트웨어를 서비스해야 하고 그 방법이 필요합니다. 이에 따라 코바(CORBA)라는 기술이 세상에 나왔습니다. 다양한 프로그래밍 언어로 만든 모듈을 네트워크를 통해서 공유해서 쓸 수 있는 기술이었습니다. 물론, 빌 게이츠의 마이크로소프트도 코바의 개념이 다음 세대의 기술이 될 것이라는 걸 예측했으므로 코바를 대항할 마이크로소프트만의 기술을 개발하기 시작합니다.

기술의 방향성이 결정되고 다들 그리로 달려가고 있었지만 문제가 있었습니다. 1990년대라면 인터넷 속도가 엄청나게 느리던 시기였거든요. 그래서 1995년 빌 게이츠가 책을 씁니다. 〈미래로 가는 길(1995년)〉이라는 책이었는데, 기술 발전을 설명하고, 자기가 사는 집도 자랑하면서, 결국은 '초고속 인터넷 망'이 필요하다는 이야기를 하는 책이었습니다.

초고속 인터넷 망만 확보되면 새로운 시대가 도래할 줄 알았지만, 엉뚱한 곳에서 문제가 발생하고 맙니다. 2000년대 초반 닷컴 버블이 터져버렸거든요. 당시는 인터넷이나 닷컴 심지어 'I'나 'e'라는 영문자만 회사명에 포함돼도 주가가 오르던 시기였습니다. 당연히 거품이 많이 낀 상황이었죠. 그 거품이 꺼지게 된 겁니다. 거품이 꺼지자 IT업계에 들어오던 자금은 썰물처럼 빠져나갔으며 기술의 진보는 멈춰 섰습니다. 그 결과, 서비스형 소프트웨어 시대를 준비하던 코바와 마이크로소프트의 기술은 모두 사라지게 되었지요.

5년쯤 지나서 2006년 인터넷 상거래 회사 아마존은 '아마존 웹 서비스'라는 서비스를 제공하기 시작했습니다. 그동안 책이나 물건을 팔았던 아마존이 갑자기 컴퓨팅 파워를 팔기 시작한 겁니다. 인터넷을 통해 접근할 수 있는 저장 공간, 컴퓨터 처리 능력, 이런 것들에 요금이 매겨졌고, 상품이 되어 팔렸습니다. 그리고 아마존의 웹 서비스는 '클라우드 컴퓨팅'이라는 이름으로 불리기 시작했습니다.

마치 대규모 수력 발전소가 전기를 만들어서, 모든 지역에 공급하듯, 아마존의 웹 서비스는 컴퓨팅 파워를 만들어서 모든 지역에 공급했습니다. 전기 공급 서비스에 가입하고 가입비와 사용료를 지불하며 전기를 쓰듯이, 클라우드 컴퓨팅 서비스에 가입하고 사용료를 내며 컴퓨팅 파워를 쓰는 시대가 도래한 겁니다.

그리고 현재, 소프트웨어가 서비스로 공급되는 시대가 도래 했습니다. 이제 우리는 소프트웨어를 사용해야 할 때, DVD를 사지 않습니다. 그냥 가입하고, 사용합니다.

과거에서 현재 그리고 미래

30톤짜리 괴물 에니악 시대에서 소프트웨어를 포장해서 파는 시대를 거쳐, 현재는 클라우드 컴퓨팅으로 소프트웨어를 서비스하는 시대로 접어들었습니다. 인류 역사에 유례가 없는 엄청난 변화가 IT업계에 일어난 겁니다. 그리고 우리는 미래에 '소프트웨어 중심 사회'에 진입하게 될 겁니다.

그럼, 거기는 어떤 사회가 될까요? 정확히 "이렇다" 하고 정의할 수는 없을 것 같습니다. 하지만 그 변화의 방향을 만들어가는 요소들은 나열할 수 있습니다. 하드웨어와 소프트웨어 그리고 플랫폼 서비스입니다. 우리가 이 장에서 이야기 나누었던, 내용들에 이 세 가지가 녹아들어 있죠.

다음 장부터는 이 세 가지에 대해 좀 더 자세히 이야기하겠습니다.

3장

하드웨어

보일러실 청년

1870년쯤, 미국의 한 금 거래소에서 있었던 일입니다. 수시로 고장 나는 '시세 표시 기계' 때문에 많은 사람이 골머리를 앓고 있었습니다. 여러 엔지니어의 손을 거쳤지만, 이 말썽쟁이 기계는 나아질 기미가 보이지 않았죠. 결국 금 거래소 보일러실에서 일하는 22살 청년에게까지 도움을 청하게 됩니다.

놀랍게도 그 청년은 몇 시간 만에 문제를 해결했습니다. 시세 표시 기계를 고장나지 않게 만들어 놓은 겁니다. 그뿐 아닙니다. 그 청년은 더 나은 시세 표시 기계를 만들어 내기까지 했습니다. 고장 나지 않는 청년의 시세 표시 기계는 미국 전역에서 쓰이기 시작했고, 그 후 60년간 사용하게 되었다고 하네요.[01]

그 기계를 만든 청년의 이름은 토머스 에디슨이었습니다. 남다른 천재가 분명했던 토머스 에디슨은 발명 분야에 독보적인 업적을 남긴 인물이죠. 1,000가지가 넘는 발명품과 1,300가지가 넘는 특허를 가지고 있었으니까요.

[그림 3-1] 토머스 에디슨

---

01 《알고리즘으로 세상을 지배하라》, 192쪽 내용 각색

에디슨 하면, 떠오르는 명언들이 있죠.

"천재는 99퍼센트의 노력과 1퍼센트의 영감으로 이루어진다."
"나는 1,200번 실패를 한 것이 아니다. 1,200가지 방법이 효과가 없다는 걸 알아내는 데 성공한 것이다."

특히 두 번째 명언은 전구를 만들 때 인터뷰하면서 한 이야기였는데요. 결국 7,000여 번의 실패 끝에 전구를 만들어 냈습니다. 정말 엄청난 사람이죠.

그러나 〈벨 연구소 이야기(2012년)〉에서는 에디슨의 발명 방식에 대해 흥미로운 논조로 이야기합니다.

"에디슨의 발명이 정말 발명이 맞을까? 발견이 아닐까?"

7,000여 번을 실패하면서, 전구 필라멘트 소재를 찾아다녔다면, 이건, 건초더미 아래서 바늘을 찾아내는 것과 같은 성실성과 노력이 필요했던 일인 겁니다. '만들어 냈다'고 표현하기보다는 '찾아냈다'고 표현하는 쪽이 맞겠죠. 그러니 발명이 아니라 발견이 되는 겁니다.

반도체

〈벨 연구소 이야기〉에서 진정한 발명이라 말하는 건 반도체의 발명입니다. '벨 연구소'에서 반도체를 만들어 낼 때는 여러 분야의 전문가들, 즉, 물리학자, 수학자, 그리고 전기, 재료 공학자들이 모여서 필요한 물질을 만들어내는 연구과정을 거쳤다고 합니다. 그렇게 해서 반도체가 탄생한 건데요.

벨 연구소식 발명은 그 후 기술 변천사를 비교적 정확하게 예측할 수 있는 기틀을 마련해 주었습니다. 충분한 자본을 공급받는 시장을 확보한다면 자본으로 전문가를 모아서 예측가능한 시간에 기술을 혁신할 수 있다는 것을 알려주었으니까요.

벨 연구소에서 발명된 트랜지스터는 에니악의 주요 부품이었던 진공관을 대체했습니다. 트랜지스터가 가져올 엄청난 미래를 이해했던 사람들은 벨 연구소의 트랜지스터 기술로 회사를 만들었는데요. 그중 하나가 인텔입니다. 인텔은 당시부터 지금까지 컴퓨터 중앙처리 장치(CPU)를 만드는 회사 중 선두를 차지하고 있는 회사죠.

인텔의 공동창업자 중 한 명인 고든 무어는 '무어의 법칙'의 주인공입니다. 현대 IT업계의 하드웨어 발전 속도의 기준이 된 법칙인데요. 간단히 말해서 "2년마다 반도체의 직접도가 2배씩 증가"하게 될 거라는 예언이었습니다. 다시 말해 같은 면적에 들어가는 트랜지스터 숫자가 두 배가 되는 겁니다. 그럼 더 좁은 공간에 트랜지스터가 들어가니 트랜지스터 사이를 오가는 정보가 더 빠르게 오가게 될 것이고, 그만큼 속도도 빨라지겠죠. 트랜지스터 개당 가격도 엄청나게 싸지게 되겠고요.

고든 무어는 1965년 한 잡지사와 인터뷰에서 앞으로 10년 정도는 그렇게 발전되어 갈 것 같다고 이야기했는데요. 무어의 발언이 '법칙'으로 굳어진 건, 그 기조가 그 후 50년간 지속되었기 때문입니다.

앞에서 말씀드렸던 '벨 연구소식 발명 방식'을 떠올려보면, 무어의 법칙이 왜 유

[그림 3-2] 고든 무어

지될 수 있었는지 이해할 수 있을 겁니다. 1965년 이후 트랜지스터를 사용하는 시장은 꾸준히 성장했고, 인텔은 트랜지스터를 만들어서, 이득을 많이 취할 수 있었기 때문에 전문가들을 모아서 더 나은 트랜지스터 기술을 만들어 낼 수 있었던 겁니다. 만약 에디슨식 발명이었다면 불가능했을 일이죠. 그 결과, 물리적인 한계에 부딪혀서 더 이상 집적도를 높이지 못하는 시점까지, 무어의 법칙은 유지되었습니다.

자! 다음 그림을 보면 '무어의 법칙'이 얼마나 무시무시한 성장세를 나타내는지 느낄 수 있을 겁니다.

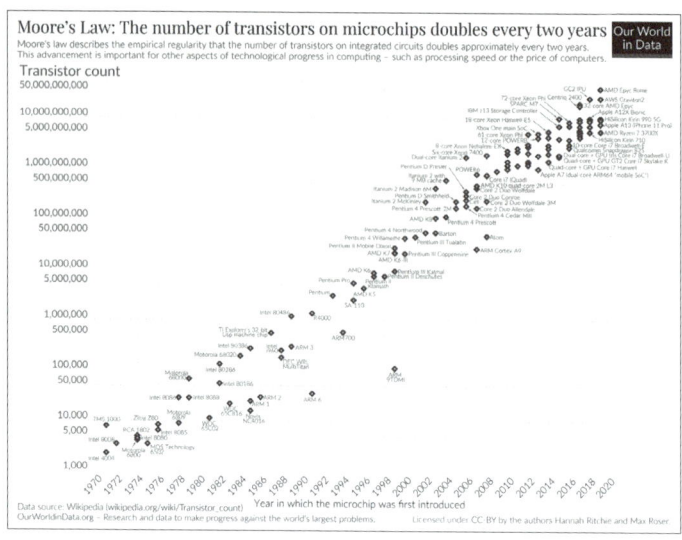

[그림 3-3] 무어의 법칙을 나타낸 그래프

일반적으로 이런 표를 그리면 Y축의 값은 선형적으로 증가하도록 그리는데요. 이 표는 Y축이 너무 빠르게 증가하니까 결과 값을 선형적으로 보이게 하는 단위를 Y축에 적어 놓았습니다. Y축을 보면, 1,000에서 출발한 값은 50년이 지난 후 1,000,000,000이 되었네요.

이제 중요한 질문 하나를 해야 합니다. "그럼 지금 현재 트랜지스터 한 개 가격은 얼마일까요?"

50년 전보다 1백만 분의 1 정도의 가격쯤 될 겁니다. 우리는 이 정도 가격을 표시하지 않습니다. 그냥 거의 0원에 가깝다고 이야기하죠. 이에 대해 크리스 앤더슨은 "이제 우리는 트랜지스터가 보호

할 가치가 있는 희소한 상품이라는 생각을 버리고, '낭비'해도 괜찮은 풍부한 상품으로 대해야 한다"라고 이야기했습니다.[02]

이와 같이, 기술이 '신경쓰지 않을 정도로 저렴'하게 되면, 다시 말해 기술을 낭비하는 상황이 되면, 혁신이 일어나게 됩니다. 그럼 IT업계에서 트랜지스터를 낭비할 때 어떤 일이 있었을까요?

트랜지스터 낭비하기

에니악은 0과 1을 표현하는 진공관 하나하나에 의미를 부여해야 하는 기계였습니다. 연결하는 전선도 따로 실험하고 벌레도 하나씩 잡아내면서 써야 했죠. 진공관 하나하나가 소중한 기술자산이었기 때문입니다. 하지만 트랜지스터를 사용하게 되면서, 상황은 달라집니다. 일단 쥐나 벌레가 문제를 일으킬만한 크기도 아니었지만, 기하급수적으로 반도체의 가격이 떨어지고 결국은 0에 가깝게 수렴해 갔기 때문이죠. 다시 말해, 낭비가 가능한 기술이 되었습니다.

1980년대 초, 스티브 잡스와 빌 게이츠는 트랜지스터를 대대적으로 낭비하는 작업을 시작했습니다. 앞 장에서 말씀드렸던, 매킨토시와 윈도우즈 운영체제를 만들기 시작했거든요. 컴퓨터가 글자

---

02 크리스 앤더슨, 《FREE(2009년)》 참고

를 저장하려면 7개의 트랜지스터가 필요합니다. 하지만 그림을 그리려면 점 하나당 24개의 트랜지스터를 써야 합니다. 화면이 컬러로 바뀌고 더 커지고 미려해질 때마다 더 많은 트랜지스터를 써야 합니다.

이런 방식의 낭비는 컴퓨터와 사람을 가깝게 만들었습니다. 컴퓨터 명령을 알지 못해도 컴퓨터 화면에 그림을 보고 컴퓨터를 사용할 수 있게 되었거든요.

인터넷은 어떨까요?

초창기 웹페이지 기술엔 그림이나 동영상이 없었습니다. 그냥 글자로 정보를 전달하는 정도였죠. 하지만 글자에 다양한 색을 입히고 이미지와 동영상을 자유롭게 사용할 수 있게 되니, 엄청난 일이 일어났습니다. 인터넷은 학술적인 정보를 공유하는 수단을 뛰어 넘어서, 모든 데이터가 움직이는 통로가 되었거든요.

인공지능 분야에도 트랜지스터를 낭비하는 기술이 있습니다. 바로 '딥러닝'이라 불리는 기술입니다. 인간의 뇌 세포 연결 구조를 본 따서 만든 인공지능을 신경망이라고 하는데요. 신경망 분야에서는 '뇌 세포 사이의 연결'로 지능을 표현합니다. '연결' 강도를 얻는 방법을 '학습'이라고 부르는데요. 컴퓨터에게 학습시킨다는 의미로 '기계학습'이라고 불렀습니다. 하지만 2004년 이전까지는 크게 만족할 만한 결과를 얻지 못했는데요. 2004년 한 부류의 연구자들이 네트워크의 연결 계층을 대규모로 늘려서 학습하도록 만들었습니다. 깊은 연결 계층을 학습시킨다는 의미에서 '딥러닝'이라는 용어를 썼죠. 연결 계층이 깊은 만큼 복잡한 데이터를 학습하는 것도 가능했고 그만큼 많은 데이터를 학습에 사용하게 되었습니다. 최근 주목받았던 GPT-3라는 인공지능은 학습하는 데 3천 억 개의 데이터를 사용했다고 하네요. 여기에는 우리의 상상을 초월하는 트랜지스터를 사용했겠죠.

지속적으로 발전하는 하드웨어 기술은 낭비해도 될 만큼 싸지는 순간, 혁신을 일으키게 됩니다.

그럼, 하드웨어의 발전 속도가 지금까지와 같이 '무어의 법칙'처럼 꾸준하게 발전한다면, 이제 미래에는 어떤 일이 일어나게 될까요?

특이점이 온다

구글의 미래학자 커즈와일은 〈특이점이 온다(2007년)〉를 썼습니다. 기술이 인간을 넘어서는 순간이 올 거라는 거죠. 그리고 기술이 인간을 초월적인 존재로 이끌어갈 거라 내다보고 있습니다. 심지어 시기까지 특정하고 있고요.

다양한 비판이 쏟아졌지만, 인간이 초월적인 존재가 되는 것 외에 '무어의 법칙' 수준의 과학기술 발전이 앞으로도 일어날 것이라는 부분은 신빙성이 있어 보입니다.

2016년 인텔은 무어의 법칙이 종식되었음을 선언했습니다. 단위 면적당 들어가는 트랜지스터의 개수는 한없이 많아질 수 없는 노릇이니까요. 물리적인 한계가 있으니 그 이상으로 발전할 수 없다는 이야기겠죠. 그러나 CPU 기술이 발전을 멈춘 건 아니었습니다. 다른 방식으로 CPU는 아직도 발전하고 있으니까요.

뿐만 아니라, 양자 컴퓨터 기술은 2020년부터 상용화를 시작한다는 소식이 들려옵니다. 물론, 기존 컴퓨팅 분야의 기술을 뒤바꿀 기술은 아니지만, 특정 분야에서는 충분히 활용가능한 방식입니다.

태양열 발전에 쓰이는 태양열 전지도 '무어의 법칙'과 비슷한 속도로 싸지고 있다고 합니다. 〈한계비용 제로 사회〉에서 제레미 리프킨은 2030년 정도가 되면 태양열 발전 단가도 석탄을 기반으로 한 전기 가격의 절반으로 떨어질 것이라고 내다보고 있는데요. 이건 경제체제 자체가 변화하는 것을 의미합니다. 게다가, 2030년이 되면 전 세계 인구 80%가 5G 이동통신을 사용하게 된다고 합니다.

커즈와일이 주장하는 '특이점'이 올지 모르지만, 확실한건, '특이점'만큼 엄청난 미래가 우리를 기다리고 있다는 겁니다.

하드웨어의 발전 방식에 대해 이야기했으니, 다음 장에서는 하드웨어 발전에 직접적인 영향을 받아왔던 소프트웨어에 대해 이야기하겠습니다. 소프트웨어에 대한 이야기는 범위가 좀 넓은 편이어서, 전반적으로 다루기보다는 '코딩'에 직접 영향을 미칠 만한 알고리즘에 집중해서 이야기를 전개하려고 합니다.

코딩의
미래

4장

소프트웨어

코딩이란

코딩이란, 컴퓨터에게 일을 시키는 방법입니다. 프로그래밍 언어를 사용해서 우리가 원하는 일을 컴퓨터에게 알려주는 과정입니다. 〈아이언맨〉 영화에서는 인공지능 자비스가 토니 스타크의 말을 잘 알아듣고 알아서 일을 해줬지만, 현실세계에서는 아직 그렇게 일을 시키는 방법은 없습니다. 그러니 코딩을 해야 하죠.

코딩의 핵심 내용은 알고리즘입니다. 알고리즘은 단순한 명령의 집합으로 이뤄져 있는데요. 그대로 명령을 수행하면 원하는 결과를 만들어 낼 수 있습니다.

알고리즘

알고리즘이라는 말은 서기 825년경에 살았던 '알 코 와리즈미$_{al\text{-}Khowarizmi}$'라는 사람의 이름에서 왔다고 합니다. 아랍 세계 최초로 산수책을 썼던 사람이라는군요. 영어에서 대수학을 알지브라$_{algibra}$라고 하는데요. 이것도 이 분이 명명한 것이라고 합니다.

그럼 곧바로, 알고리즘의 예를 들어보겠습니다. 상황은 이렇습니다. 20명의 아이들이 한 줄로 서 있는데, 이 아이들을 키 순서대로 세우고 싶은 겁니다. 어떻게 하면 될까요?

[그림 4-1] 키 순서대로 줄을 세워야 할 아이들

첫째, 다음과 같은 방법이 가능할 겁니다. 가장 앞에 있는 아이와 바로 다음 아이를 비교해서 더 큰 아이를 뒤로 세우고, 그 아이와 그다음 아이를 비교해서 더 큰 아이를 뒤로 세우고 …. 이런 식으로 하면 가장 큰 아이가 가장 뒤로 가겠죠? 그다음은 19명의 아이들을 대상으로 같은 방법으로 하는 겁니다. 그다음은 18명을 대상으로, 그다음은 17명을 대상으로 …. 그러면 결국엔 가장 작은 아이부터 가장 큰 아이까지 키 순서대로 줄 세울 수 있을 겁니다.

방법이 단순하지만 시간이 많이 걸리겠네요.

그럼 두 번째로, 이렇게 하면 어떨까요? 먼저 가장 작은 아이를 찾습니다. 그다음 첫 번째 서 있는 아이와 자리를 바꾸게 하는 겁니다. 그리고 그다음 작은 아이를 찾습니다. 그 아이는 두 번째 아이와 자리를 바꿉니다. 이런 식으로 한 아이씩 자리를 바꾸다 보면, 아이들을 키 순서대로 세울 수 있을 겁니다.

다른 방법은 없을까요?

중간에 서 있는 아이에게 한 손을 들고 있으라고 합니다. 그다음, 그 아이를 기준으로 작은 아이는 그 아이 앞쪽으로, 큰 아이는 그 아이 뒤쪽으로 보냅니다. 그리고 나서는 앞쪽 아이 중에 가운데 아이에게 손을 들게 합니다. 그리고 방금 전 방법을 취합니다. 더 이상 앞, 뒤 아이들로 나눌 수 없을 때까지 이렇게 반반씩 나눠서 줄을 세워 가면 역시 마지막에는 아이들을 키 순서대로 줄 세울 수 있겠네요.

이처럼 단순한 명령으로 원하는 결과를 만들어내는 것을 우리는 '알고리즘'이라고 부릅니다.

"고전적 정의에 의하면 알고리즘이란 어떤 기기가 주어진 정보를 근거로 사용자에게 특정한 해답이나 출력 값을 제시하도록 하는 명령의 목록이다."

– 크리스토퍼 스타이너, 〈알고리즘으로 세상을 지배하라〉, 14쪽 –

크리스토퍼 스타이너가 정의한 내용대로 앞선 '아이들 줄 세우기'를 정리해볼까요?

먼저 '주어진 정보'는 20명의 아이들과 아이들의 키입니다. '특정한 해답'은 '키 순서대로 서 있는 아이들'이었습니다. 그 가운데 있는 개념이 알고리즘인 셈이죠.

알고리즘을 만드는 알고리즘

우리는 앞 절에서 알고리즘이 무엇인지 이야기했습니다. '주어진 정보'로 '특정한 해답'을 만드는 '명령의 목록'이었죠. 이것을 그림으로 그려보면 다음과 같습니다.

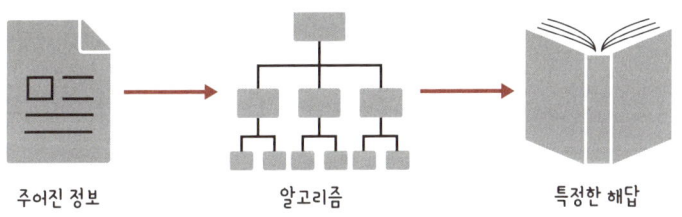

[그림 4-2] '주어진 정보'로 '특정한 해답'을 만드는 알고리즘

이제 다음 그림을 보죠.

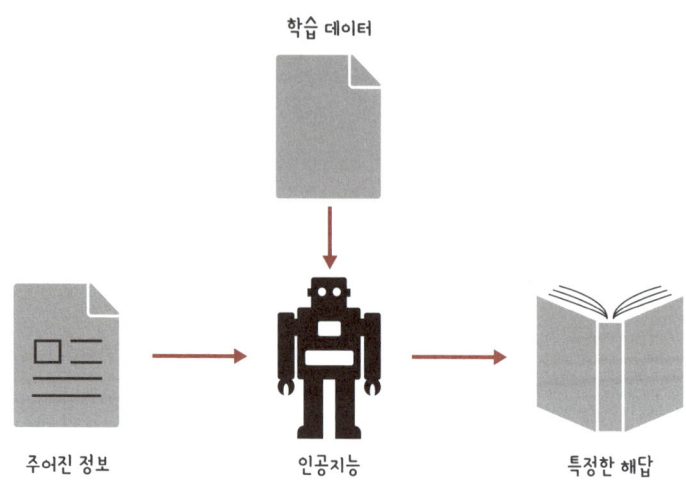

[그림 4-3] '주어진 정보'로 '특정한 해답'을 만드는 인공지능

사실 인공지능도 같은 걸 합니다. '주어진 정보'를 제공하면 '특정한 해답'을 내놓는 거죠. 그래서 인공지능과 알고리즘은 같은 모양으로 그림을 그려볼 수 있는 겁니다. 여기서 알고리즘과 인공지능의 차이는 '학습' 단계에 있습니다. 알고리즘은 우리가 우리의 논리적 판단으로 만들어내는 것이지만, 인공지능은 학습과정을 통해 만들어 내는 겁니다. 그러니, 인공지능 학습과정은 '알고리즘을 만드는 알고리즘'이라고 표현할 수 있는 겁니다.

예를 들어 보죠. 사진에 강아지가 있는지 확인하는 프로그램을 만든다면, 어떻게 하면 될까요?

주어진 정보는 '사진', 특정한 해답은 '강아지 여부'가 되겠죠. 우리가 알고리즘을 만든다면, 아마 사진을 입력받아서 사진 안에 구성요소들을 하나씩 떼어내는 알고리즘을 만들어야 할 겁니다. 그리고 떼어낸 구성요소 중에 강아지라 볼 수 있는 구성요소가 있는지 판별하는 알고리즘도 필요하겠죠. 이때 강아지 얼굴에 대한 보편적인 데이터를 수집하고, 눈 모양이나 수염 모양 같은 걸, 우리가 만드는 알고리즘에 녹여 넣어야 할 겁니다.

인공지능을 이용한다면 다른 방법으로 작업합니다. 먼저, 인공지능에게 강아지 모습을 학습시킬만한 사진을 모읍니다. 그다음 준비된 사진을 넣고 학습을 시킵니다. 그런 후에 학습된 인공지능에 '테스트를 위한 강아지 사진'을 넣어보고 제대로 동작하는지 확인합니다. 그 결과가 '강아지 사진'으로 나오면 제대로 학습된 것입니다.

과정은 다르지만 우리는 동일한 결과를 만들 수 있습니다. 여기서, 인공지능을 만드는 부분이나 학습 알고리즘을 만드는 과정을 제외하고 보면, 인공지능을 사용하는 쪽이 더 쉬워 보입니다. 사진의 내용을 분석하는 알고리즘을 사람의 머리로 짜내는 건, 그리 쉬운 일이 아니거든요.

여기까지만 보면, 사실 '인공지능이 만능'이라고 이야기할 수도 있습니다. 하지만 '알고리즘을 만드는 알고리즘'에는 맹점이 있습니다. 학습시킬 데이터가 제대로 되어 있지 않을 경우엔 엉뚱한 동작을 하게 될 수도 있습니다.

"기계 학습 분야에서 거듭 언급되는 또 다른 전형적인 학습 실패 사례는 미군이 인공 신경망을 이용해 컴퓨터가 탱크 사진을 찾아내도록 훈련시키는 과정에서 일어났다. 알고리즘을 설계한 팀은 탱크 이미지의 유무를 기준으로 분류한 사진들을 훈련용 데이터로 입력했고, 알고리즘은 그 데이터를 분석해 두 부류의 사진을 구별짓는 특징들을 찾아내기 시작했다. 이 모든 과정을 끝낸 뒤 알고리즘은 완전히 새로운 사진들로 테스트를 받았다. 연구팀은 알고리즘이 정확도 100퍼센트로 과제를 수행해 내는 걸 보고 몹시 기뻐했다.
그들이 미처 알아차리지 못했던 것은 촬영을 진행한 며칠간 날씨가 계속 흐렸다는 점이다. 며칠 후 연구 팀은 시골 지역을 돌아다니며 탱크가 없는 풍경을 촬영했다. 그런데 그때는 하늘이 맑았다. 결국 알고리즘이 얻은 것은 구름이 찍힌 사진과 맑은 하늘이 찍힌 사진을 구별하는 능력뿐이었다. 당연히 흐린 날씨 탐지기는 군사 활동에 별로 도움이 안 될 터였다. 이 이야기의 교훈은 다음과 같다. 기계가 학습을 할 수는 있지만 기계가 제대로 학습하는지 확인하는 일은 우리 몫이다."

- 마커스 드 사토이, 〈창조력 코드〉, 145~146쪽 -

미군이 탱크 식별 프로그램을 만들었는데, 실패했다는 이야기입니다. 그 이유는 탱크가 있는 사진은 모두 흐린 날에 찍었고, 탱크가 없는 사진은 모두 화창한 날에 찍었기 때문인데요. 인공지능이 학습하는 과정에서 만들어내는 알고리즘은 우리가 입력하는 자료에 전적으로 의지합니다. 그래서 학습 자료에 편향(또는 편견)이 있다면, 학습 결과가 엉뚱하게 됩니다. 알고리즘이 잘못 만들어지는 거죠.

미군이 실패한 이유는 '탱크' 외에도 '날씨'라는 특징이 있었기 때문입니다. 그래서 만들어진 알고리즘은 '흐린 날'도 '탱크'가 있음의 기준으로 삼았습니다. 다시 말해서 '탱크 탐지기'가 아니라 '흐린 날 탱크 탐지기'가 되어버린 거죠.

그럼 이러한 문제를 해결할 방법은 있을까요? 안타깝게도 근본적인 해결법은 없습니다. 데이터를 잘 관리하고 학습에 유용한 데이터를 추려내는 수밖에 없습니다. 그러므로 현재 시점에서는 데이터를 어떻게 관리해 낼 것인가가 쟁점이 되고 있습니다.

사람의 손을 거치지 않고 데이터를 거쳐 만들어지는 '알고리즘을 만드는 알고리즘'에 대해 이야기했습니다. 그럼 다음 단계는 없을까요?

워싱턴 대학교 페드로 도밍고스 교수는 '마스터 알고리즘'의 가능성을 이야기합니다.

마스터 알고리즘

페드로 도밍고스 교수는 '마스터 알고리즘'을 다음과 같이 정의하고 있습니다.

> "마스터 알고리즘이란 이론상으로 어느 영역의 데이터에서도 지식을 발견해 내는 범용 학습 알고리즘(general-purpose learner)이다."
>
> - 페드로 도밍고스, 〈마스터 알고리즘(2016년)〉, 16쪽 -

앞 절에서 '인공지능 학습'을 '알고리즘을 만드는 알고리즘'이라고 했습니다. 일반적인 알고리즘은 사람이 직접 만들어 내지만, 인공지능은 학습과정을 거쳐서 만들어지는 것이라서, 복잡하고 어려운 알고리즘이 필요할 때, 사용하기 좋은 방법입니다. 하지만 여기엔 문제가 있습니다. 학습 데이터가 특화되어 있어야 한다는 겁니다. 탱크 탐지기를 만들려면 반드시 탱크 사진이 필요하고, 또한 탱크 사진을 잘 학습할 만한 학습 알고리즘이 필요합니다. 탱크 탐지기에 사용하던 학습 알고리즘과 인공지능을, 강아지와 고양이를 구별하는 인공지능과 그 학습 알고리즘에 사용할 수는 없습니다.

그런데 만약 보편적인 학습 알고리즘을 찾아낼 수 있다면 어떨까요? 학습 데이터만 잘 관리하면 인공지능이나 학습 알고리즘에 대해서는 신경 쓰지 않아도 된다면, 알고리즘을 만들어내는 건, 전혀 다른 성격의 일이 될 겁니다. 머리를 짜내는 것보다, '주어진 정보'와 '특정한 해답'을 잘 정의하는 작업이 알고리즘을 만드는 일이 될 것이고, 코딩은 '논리를 전개' 하는 일이 아니라 '상황을 정의' 하는 일로 바뀌게 될 지도 모릅니다.

페드로 도밍고스는 이런 인공지능을 '마스터 알고리즘'이라고 부르고 있습니다.

그럼, '마스터 알고리즘'이 가능하다고 보는 이유는 뭘까요?

〈마스터 알고리즘〉[01]에서 페드로 도밍고스는 '흰 담비' 동물실험 이야기를 꺼냅니다. 2000년 4월 〈네이처〉에 기재된 내용인데요. 흰 담비의 눈과 귀의 신경세포를 교환하는 실험이었습니다. 놀랍게도 두 신경세포가 다른 위치에서 달라진 임무를 잘 적응했다고 하네요. 즉, 신경세포는 무언가 공통적인 프로그램(마스터 알고리즘)이 있어서 어느 자리에 들어가더라도 그 자리에서 필요한 임무를 잘 수행할 수 있는 겁니다. 자연의 신경세포에 그런 기능이 있다면, 인간이 만드는 인공지능도 언젠가 그 원리를 가진 학습 알고리즘을 만들어 낼 수 있겠죠.

미래 코딩

현 시점에서 '코딩'은 이를 다루는 사람들의 목표에 따라서 다른 개념으로 받아들여지고 있습니다. 먼저, 아이들의 '코딩 교육'을 맡은 사람들의 입장에서 볼 때 '코딩'은 '교육보조재료(교보재)'입니다. 아이들에게 '컴퓨팅 사고'를 길러주기 위한 교육 재료인 거죠. 아이들에게 코딩을 가르쳐서 '논리적 사고'와 '절차적 문제해결 방법'을 가

---

01 67쪽 참고

지게 하려는 겁니다. 그렇게 된다면, 미래 소프트웨어 중심사회에서 소프트웨어의 영향하에 전개되는 모든 상황에 적절하게 대처할 수 있을 거라 기대하는 거죠. 그 아이가 코딩을 직접 하는 사람이 되든, 그렇지 않든, 사회에 이바지할 수 있는 인재가 될 거라 기대하는 겁니다.

또한 취업을 위해 '코딩'을 공부하는 사람도 있습니다. 컴퓨터공학이니 뭐니, 학문적 소양이 없다고 해도, '코딩'이라는 기술만 익히면, 지속적으로 밥벌이를 할 수 있을 거라 기대하는 겁니다.

그리고 소프트웨어를 만들어야 하는 입장에서 '코딩'이 있습니다. 이런 사람들에게 코딩은 나무꾼에게 도끼와 같습니다. 코딩에서 무엇을 얻기보다는 코딩이 도구가 되는 상황이죠(솔직히 다루기 힘들고 무겁습니다).

하지만 코딩 자체를 놓고 곰곰이 따져보면, 코딩의 핵심은 알고리즘입니다. 알고리즘을 어떻게 만들어 내느냐는, 결국 코딩 방식에 영향을 미치게 되어 있습니다. 그런데 현재 이후, 알고리즘은 엄청난 변화를 겪게 될 겁니다.

어쩌면, '코딩 교육' 분야는 '논리적 사고'와 '절차적 문제해결 방법'보다, '통계적 사고'와 '결정론적 사고'를 가르칠 방법을 찾아야 할 지도 모릅니다.

'코딩'을 취업 목적으로 배우는 사람이라면, 코딩으로 밥 벌어먹는 분야에 잘못 발을 담갔다가 '평생 학습의 지옥' 맛을 보게 될 수도 있습니다. 지속적으로 '사고의 방식'을 바꿔가면서, 은퇴할 때까지 '적응 기간'을 보내야 하는 거죠.

그리고 '코딩'이 도구인 부류는 어느 날 '도구'를 바꾸어야 할 겁니다. 도끼로 나무를 하던 나무꾼에게 어느 날 '전기톱'이 주어지는 겁니다. 물론, 전기톱으로 도끼질을 하는 건, 본인의 자유일 수 있지만, 전기톱을 들고 나무를 갈아버리는 벌목꾼들과 생존 게임을 벌여야 하는 상황에 놓이게 된다면, 상황은 너무 자명해집니다.

그리고 이상적인 상황에까지 하드웨어가 발전한다면, 어쩌면 미래 어느 시점에 우리 각 사람은 인공지능 자비스 같은 개인 비서를 두게 될 수도 있습니다. 그러면 어느 순간 토니 스타크가 되기를 강요받게 되겠죠. '코딩'은 우리의 일상 언어가 되고, 우리가 좇고 있던 '프로그래밍 언어를 사용하는 코딩'은 사라지는 겁니다. 다만, 우리가 가진 전문성만 남게 되겠죠. 인공지능 자비스와 일하는 토니 스타크처럼요.

이제 다음 장에서는 이러한 변화의 시발점이 될 '플랫폼'이란 것을 짚어보고자 합니다.

코딩의
미래

5장

플랫폼

뻐꾸기 알

어린 시절 살던 곳에서는 가끔 뻐꾸기 소리를 들을 수 있었습니다. 어찌나 서글프고 구슬픈지 한참 동안 이런저런 생각에 젖어들곤 했지요. 우리나라에 알려진 뻐꾸기 관련 설화들은 이런 정서를 반영하는 것 같습니다. "떡국을 훔쳐 먹었다는 오해를 받고 죽은 며느리", "풀국을 허겁지겁 먹다 죽은 아이", "박국을 먹다가 다시 하늘나라에 올라가지 못한 나무꾼('선녀와 나무꾼' 이야기의 그 나무꾼입니다)", 이들이 죽어서 새가 되어 "떡국 떡국", "풀국 풀국" 또는 "박국 박국" 이렇게 울었다고 전해진다고 하네요.[01]

하지만 뻐꾸기의 생태는 이런 설화들과는 너무 상반됩니다. 이 녀석들은 남의 둥지에 알을 낳는 새이거든요. 둥지 주인이 모르게 둥지에 알을 낳으면, 뻐꾸기 알이 가장 먼저 부화되어서 다른 알들을 하나씩 둥지 밖으로 밀어내며 커간다고 합니다. 결국은 그 둥지를 차지하고 둥지 주인이 물어오는 먹이를 독차지하게 되죠.

〈스마트 플랫폼 전략(2012년)〉의 저자인 황병선은 '안드로이드'가 바로 '뻐꾸기 알'이라고 지적합니다. '안드로이드'는 아이폰을 제외한 스마트폰 대부분에 설치되어 있는 운영체제입니다.

---

01 출처: 한국민족문화 대백과사전

스마트폰 하드웨어 위에서 스마트폰의 '앱'이 잘 동작하는 환경을 제공하는 플랫폼 소프트웨어죠.

스티브 잡스가 애플에서 스마트폰을 만들었던 2007년 당시, 아이폰은 상당히 혁신적인 제품이었습니다. 휴대폰의 키패드를 없애고, 대신 넓은 화면으로 인터넷을 쓸 수 있게 해주었거든요. 혁신적인 아이폰으로 인해서 다른 휴대폰 회사들도 비슷한 제품을 내놓아야 하는 상황으로 내몰리게 되었는데요.

때마침, 구글은 '안드로이드'라는 운영체제를 공짜로 제공하기 시작했습니다. 운영체제를 만드는 건 상당히 많은 노력과 시간, 그리고 돈이 들어가는 일입니다. 그런데 공짜로 제공한다니, 스마트폰을 만드는 회사들은 '안드로이드'를 쓸 수밖에 없었습니다. 그러나 스마트폰 회사들이 안드로이드를 사용하면 할수록, 스마트폰 시장에서 안드로이드라는 플랫폼 영향력은 점점 더 커져갔고, 구글은 '플랫폼' 회사로 거듭나게 됩니다. 그리고 현재 시점에서 안드로이드는 스마트폰뿐만 아니라, 텔레비전, 셋톱박스, 자동차 내비게이션과 블랙박스 등 다양한 분야에서 사용하는 플랫폼이 되었습니다.

만약, 안드로이드가 플랫폼 영향력을 확보하지 못했다면 어떻게 되었을까요? 아마 구글은 자사의 검색 서비스를 사용하는 단말기를 확보하기 위해서 다양한 노력을 해야 했을 겁니다. 애플이나 마이크로소프트 같은 플랫폼 소프트웨어를 만드는 회사에게 협력을 구해야 했겠죠. 그러나 현 시점에서 구글은 안드로이드로 스마트폰 시장에서 영향력을 행사하고 있기 때문에 그럴 필요가 없습니다.

플랫폼

그럼 플랫폼이란 무얼까요? 원래 '플랫폼'이란 단어는 기차나 지하철의 승강장을 의미합니다. 하지만 단순히 승강장을 나타내는 것보다 상당히 많은 의미를 함축한 단어인데요. 이를 설명하기 위해서 우리나라 지하철의 승강장 모습을 상상해보겠습니다.

먼저 승객들을 보호하기 위한 스크린도어가 길게 늘어서 있습니다. 지하철 문이 열리는 곳 바닥은 노란색 엠보싱 모양 블록으로 연결되어 있고, 각 문 앞에는 몇 번 열차에 몇 번 문이 서게 되는지 표시되어 있기도 합니다. 중간 중간 벽에는 지하철 노선도 자리 잡고 있고요. 가끔은 승객들을 위해 '시詩'가 쓰여 있기도 합니다. 천장이나 스크린도어에 붙어 있는 전광판은 어디로 가는 지하철을 탈 수 있는지 그리고 얼마나 더 기다리면 탈 수 있는지 표시해주기도 합니다. 지하철이 역 내에 들어오기 시작하면, 안내방송도 들을 수 있습니다.

[그림 5-1] 일반적인 지하철 승강장 모습

 이와 같이 지하철 승강장에는 다양한 장치가 있는데요. 이 장치들에는 공통의 목적이 있습니다. 바로 지하철 승객이 지하철을 잘 '사용'할 수 있게 해 주는 장치라는 겁니다. 다시 말해, 지하철 플랫폼은 지하철 승객들이 '사용자'가 되게 해주는 역할을 합니다.

 그럼 역무원들은 어떨까요. 역무원들은 지하철을 운행하기 위해, 승객들은 접하지 못하는 다양한 장치와 환경 속에서 일합니다. 같은 방식으로 말해서, 지하철 플랫폼은 역무원들이 '공급자'가 되게 해 주죠.

 에릭 슈미트[02], 조너선 로젠버그, 앨런 이글이 함께 저술한 〈구

---

02 에릭 슈미트는 2011년까지 약 10년간 구글의 CEO를 역임한 인물입니다.

글은 어떻게 일하는가(2014년)〉에서는 플랫폼이 무엇인지 언급합니다.

[그림 5-2] 에릭 슈미트

"플랫폼이란, 다면 시장을 형성하기 위해 사용자와 공급자 집단을 한데 모으는 일련의 제품과 서비스라고 할 수 있다."

- 에릭 슈미트, 조너선 로젠버그, 앨런 이글
〈구글은 어떻게 일하는가〉, 122쪽 -

따라서 지하철 플랫폼은 승객들을 '사용자'로 '역무원'들은 공급자로서 모으는 서비스인 셈입니다.

다른 예를 보겠습니다. 백화점은 어떨까요? 백화점도 역시 플랫폼입니다. 백화점에 수많은 사람이 들어오고 나가지만, 결국 '사용자'와 '공급자'로 나누어 볼 수 있습니다. 고객들은 '사용자', 백화점 직원들은 '공급자'가 되는 거죠. 백화점 플랫폼 역시 고객과 직원들이 자기 목표를 위해 일할 수 있는 환경을 제공합니다.

그럼 이번엔 IT쪽 예를 볼까요? 컴퓨터 운영체제인 윈도우즈는 어떨까요? 이 역시 플랫폼이라 할 수 있습니다. 안드로이드는요? 맞습니다. 안드로이드도 플랫폼입니다. 2000년대 초반까지 윈도우즈가 세계를 제패했다면 그 이후로는 안드로이드와 iOS(아이폰 운영체제)가 세계를 제패하고 있습니다.

앞서 언급했지만, 구글은 휴대폰 업계에 아무런 지분이 없었지만, 안드로이드를 '뻐꾸기 알'로 사용해서 플랫폼 패권을 차지했습니다.

게임 이론

안드로이드가 '뻐꾸기 알'이라고 했는데요. 그럼 플랫폼 영향력을 가지는 것이 어떤 의미가 있길래, 인터넷 검색 서비스 회사인 구글이 안드로이드에 투자했을까요?[03]

가장 표면적인 효과는 구글 검색의 확장입니다. 안드로이드가 세상에 모습을 드러냈던 시기만 해도 구글은 인터넷 검색 서비스를 제공하는 회사였습니다. 그러니 구글의 가치를 높이기 위해서는 구글 검색을 쓰는 사람이 더 많아야 했죠. 하지만 집이나 회사에서 쓰는 컴퓨터 숫자는 한정적입니다. 따라서 더 큰 시장을 찾아내야 했는데요. 스마트폰에서 인터넷이 된다면, 분명 검색 서비스가 필요할 테니, 스마트폰의 검색 시장을 목표로 '포석[04]'하는 것이 당연한 방향이었을 겁니다.

여기에 더해, 구글은 플랫폼의 영향력에 대해서도 이해하고 있

---

03 안드로이드 운영체제는 사실 앤디루빈이라는 사람이 설립한 '안드로이드'라는 회사가 만들었습니다. 구글은 '안드로이드 사'를 통째로 사들였고 안드로이드는 공짜로 공개했죠.
04 전략적으로 유리한 위치에 놓이기 위해, 바둑 게임 초반에 바둑돌을 늘어놓는 것입니다.

었던 것으로 보입니다. 그러니, 단순히 검색 서비스를 사용하도록 마케팅을 벌이는 것보다 안드로이드를 사용해서 플랫폼 영향력을 확보하는 길을 택했겠죠.

이 부분을 경제학 분야에서 많이 사용하는 '게임 이론'으로 해석할 수 있습니다.

[그림 5-3] 존 폰 노이만

먼저, '게임 이론'에 대해 잠깐 언급하겠습니다. '게임 이론'은 천재적인 수학자로서 다양한 업적을 남겼던 존 폰 노이만이 1928년에 수학적인 이론을 정립한 분야입니다. 그러나 너무 수학적으로 치중되어 있어서 사용되지는 않았는데요. 경제학자인 오스카르 모르겐슈테른이라는 사람이 폰 노이만과 더불어서 1944년 그 해설서를 출간하면서, 경제학 분야에서 많이 사용되는 이론이 되었다고 하네요. 간단하게 말해서 '상호 의존적인 상황'에서 어떻게 의사결정을 하면 되는지 전략을 제시하는 이론입니다.

게임 이론에 의하면 게임에 참여만 하는 플레이어보다 게임 룰을 바꿀 수 있는 플레이어가 더 많은 보상을 받게 됩니다. 그리고 플랫폼을 가진 쪽은 게임의 룰을 바꿀 수 있는 플레이어입니다.

자 그럼, 게임 룰을 바꾸는 것이 어떤 의미가 있는지, 백화점 플랫폼으로 생각해보겠습니다. 백화점에는 창문과 벽시계가 없다고 하죠. 그 이유는 고객들이 더 오래 머무르며 쇼핑을 하도록 유도하기 위해서입니다. 창문이 있다면, 해가 지는 걸 보게 될 테고, 시계가 있다면 시간이 오래 지난 걸 인지하게 될 테니까요. 백화점이 룰을 바꾼 결과 우리는 시간 가는 줄도 모르고 쇼핑에 빠져들게 됩니다.

구글도 비슷한 일을 할 수 있습니다. 그것도 전 세계를 상대로요. 구글이 안드로이드 정책을 바꾸면, 스마트폰을 제조하는 회사와 스마트폰에 들어가는 앱이나 콘텐츠를 만드는 개발자, 그리고 우리 사용자들까지 모두 영향을 받게 되어 있습니다.

요즘 이슈가 되는 '인앱 결제 의무화 정책'은 대표 사례 중 하나입니다. 안드로이드 스마트폰과 아이폰은 각자 앱을 파는 마켓을 운영하고 있는데요. 여기에 올라온 앱이나 콘텐츠에서 결제를 할 때 디지털 화폐를 사용한다면, 구글이 제공하는 수단만을 이용하라고 못 박았습니다. 구글은 거기서 30%의 수수료를 가져가겠다고 했고요.

또한 몇 년 전에는 미국의 FBI가 구글에게 사용자 정보를 요구했다는 뉴스도 있었습니다. 물론 그 목적이 범죄자를 찾거나 테러를 방지하기 위한 일이라 하더라도, 사용자의 개인정보를 모아서 누군가에게 전달할 수 있다는 것 자체만으로도 스마트폰 플랫폼의 영향력이 얼마나 큰지 우리는 이해할 수 있습니다.

플랫폼 영향력으로 큰 수해를 본 사람 중 가장 상징적인 인물은 빌 게이츠입니다. 윈도우즈 전성기 시절 마이크로소프트의 회장이었던 빌 게이츠는 전 세계적인 갑부가 되었거든요. 어쩌면, 빌 게이츠는 플랫폼의 중요성을 본능적으로 이해하고 있었던 사람인지도 모르겠습니다. 빌 게이츠가 마이크로소프트에서 나오는 시점까지, 마이크로소프트는 윈도우즈로 전 세계 플랫폼 시장에서 영향력을 행사하고 있었거든요.

특히 궁극적인 플랫폼이라 볼 수 있는 인터넷과 관련해서, 빌 게이츠는 상당히 과감한 계획을 세웠는데요. 수십 대의 인공위성을 띄워서 마이크로소프트의 인터넷을 만드는 것이었죠. 물론 내부 직원의 진지한 메일을 받아 보고 계획을 접었다고 하지만 빌 게이츠가 플랫폼 영향력에 대해 얼마나 감각적이었는지 알려주는 예가 아닐 수 없습니다.[05]

이제 궁극의 플랫폼인 인터넷에 대해서 이야기해 보도록 하겠습니다. 인터넷을 궁극적인 플랫폼이라고 표현한 건, 인터넷은 다양한 서비스 플랫폼을 품는 플랫폼이고, 그만큼 막강한 영향력을 미치고 있기 때문입니다. 심지어 인류 문명에까지 변화를 주고 있는 듯합니다.

---

05 출처: 〈세계 최고의 디지털 리더 9인의 이야기(2007년)〉

인터넷

1960년대 말, 소련과 군비 경쟁을 하던 미국은 전략적인 정보가 일부 지역에 모여 있을 경우 전쟁 초반에 아킬레스건이 될 수 있다고 판단했습니다. 만약 중요한 정보가 있는 기지가 소련의 미사일 공격에 의해 파괴되면, 미군은 군사력을 통제할 수 없게 되고 전쟁을 지게 될 테니까요. 그래서 정보를 여러 지역에 흩어 놓을 계획을 세웠고 그 결과로 네트워크를 만들었습니다.

세월이 흘러서 군사 영역에서 쓰던 네트워크 기술이 민간 영역으로 넘어오게 되었는데요. 우리가 현재 인터넷이라 부르는 플랫폼의 출발이 이 시점부터입니다. 처음 인터넷을 사용하던 사람은 학자들이었습니다. 학술자료를 공유할 목적으로 인터넷을 사용했기 때문에 인터넷 세상은 상당히 무미건조했습니다.

하지만 많은 사람이 웹을 사용하기 시작하면서 상황은 달라졌습니다. 뭐든 인터넷에 올리면 성공하는 사업이 되었죠.[06]

인터넷으로 창업을 한다는 건, 엄청난 돈을 버는 시작점이 되었습니다. '야후'라는 회사가 그랬고, '구글'이 그랬습니다. 하버드 대학의 학생명부를 인터넷에 올리던 마크 저커버그는 페이스북을 창업했고 페이스북은 2021년 6월 시가 총액이 1조 원을 넘었습니다.

---

06 물론 그런 결과로 2000년대 초반 주식시장에서 "닷컴 버블" 사태가 촉발되었지만요.

140자로 잡담을 나누게 해 준 '트위터'도, 자기 사진을 공유하게 해 준 '인스타그램'도, 동영상을 공유하게 해 준 '유튜브'도 모두 전 세계적인 회사로 성공했습니다.

DVD 대여 서비스를 하던 '넷플릭스'는 사업 방향을 인터넷으로 전환하면서, 더 영향력 있던 회사를 제치고 전 세계에 서비스하는 회사로 성장했습니다. '아마존'은 서점을 인터넷으로 올리고, 마켓을 인터넷으로 올리고, 컴퓨팅 파워도 인터넷으로 올려서 떼돈을 벌었죠.

돈 버는 데만 인터넷이 쓰인 게 아닙니다. 다양한 학문적인 성과가 인터넷을 통해 이뤄졌는데요. 가장 상징적인 서비스는 '위키피디아'입니다. 인터넷에서 사용하는 사전인데요. 이건, 현존하는 가장 방대하고 정확한 사전으로 인정받고 있습니다. 중요한 건, 위키피디아가 만들어진 방식입니다. 많은 사람이 함께 헌신해서 만들어 냈거든요.

무언가를 인터넷에 올리는 것만이 혁신이 되었던 건 아닙니다. 인터넷에 연결하는 것도 혁신이 되었습니다. 앞서 언급했던, 아이폰이 '혁신'적인 제품이 되었던 건, 휴대폰을 인터넷에 연결해서 '스마트폰'으로 만들었기 때문입니다.

IT업계에서는 몇 년 전부터 '사물인터넷' 기술이 각광받고 있는데요. 이건 결국 우리 눈에 보이는 모든 걸 인터넷에 연결하겠다는 겁니다. 현재 우리 곁에 있는 모든 가전제품은 인터넷에 연결할 수 있게 출시되고 있고요. 손목시계나 안경, 우리 몸에 입는 것들도 인터넷에 연결되고 있습니다.

2018년 평창 동계올림픽에서는 5G 기술에 대한 관심이 뜨거웠는데요. 그건 바로 모든 기기가 더 빠르게 인터넷을 쓸 수 있는 통신기술이었기 때문이었습니다.

한편, 인터넷에 모든 서비스가 올라가고 모든 기기가 연결되면서 데이터가 다른 의미로 다가오기 시작했습니다. 데이터는 지식을 추출해내는 원료입니다. 그리고 지식은 필요성에 따라 정보가 되죠. 전통적으로 이러한 과정은 주로 수작업으로 이뤄졌습니다. 각 단계를 사람들이 생각해 낸 알고리즘으로 진행했고, 마지막 단계에서 정보가 저장되는 것도 전문가의 설계에 의해 이뤄졌습니다. 나중에 빠르게 사용하려는 의도죠. 하지만 그런 작업 단계를 거치기에는 엄청난 데이터가 쏟아지기 시작했습니다.

> "트위터라는 애플리케이션상에서 매일 교환되는 트윗의 용량만 수 테라바이트에 달한다. 페이스북에 이르러서는 하루에 데이터 처리량이 500테라바이트로 프랑스 국립도서관 데이터양의 수십 배에 필적한다. 2015년에 인터넷상에서 수집된 전체 데이터는 7세타바이트, 즉 7억 테라바이트로 이는 프랑스 국립도서관 데이터양의 무려 5억 배에 상당한다."
>
> – 장가브리엘 가나시아, 〈특이점의 신화(2017년)〉, 67쪽 –

'장가브리엘 가나시아'는 프랑스에서 인공지능을 연구하는 학자입니다. 그래서 프랑스 국립도서관 장서 1,400만 권을 기준으로 오늘날의 빅데이터에 대해서 설명하고 있는데요. 페이스북의 단 하루 데이터 처리량이 프랑스 국립도서관 1,400만 권에 해당하는 데이터의 수십 배에 필적한다고 설명합니다.

이렇게 되면, 데이터는 쌓여 있는 덤불과 같은 개념이 아니라 흘러가는 강물이 됩니다. 과거 데이터 처리 방법은 덤불을 잘 정리하고 분류해서 모양을 만들고 창고에 쌓는 것이었습니다. 그러나 근래 데이터 처리는 강물의 흐름을 조절하는 방식이 된 겁니다. 사람의 노력으로 할 수 없는 일이 되었고, 당연히 '인공지능'이 필요할 수밖에 없습니다.

그런데 이제까지 데이터양은 앞으로 올 데이터양에 비하면 '새 발의 피' 정도 일지도 모릅니다. 앞으로는 사물인터넷 기술이 보편적으로 자리 잡게 될 것이고, 집안에 있는 모든 기기(심지어, 체중계, 온도계, 쓰레기통까지)가 만들어 내는 데이터가 인터넷을 거칠 겁니다. 공공장소에 설치되어있는 스피커와 태양열 전지, 가로등 같은 것도 그 대열에 동참하겠죠. 사람들의 몸에 붙어 있는 다양한 센서에서 생체 데이터가 수집되어 인터넷을 통하게 될 것이고요. 병원, 공장, 은행, 농장, 그리고 산과 바다에 이르기까지 모든 것이 인터넷에 연결되어 데이터를 뿜어내게 될 겁니다.

사람들이 스마트폰으로 만들어내는 데이터가 1,400만 권의 프랑스 국립도서관 장서를 훌쩍 뛰어넘어 강물처럼 흘렀다면, 앞으로 오는 세상에서 인터넷을 흐르는 데이터는 넓은 바다와 같을 겁니다. 그러니, 더욱 더 인공지능이 필요하게 되겠죠.

[그림 5-4] 프랑스 국립도서관

자! 이제, 인터넷을 하나의 거대한 생물이라고 상상해볼까요? 인터넷 생물은 스마트폰과 사물인터넷이라는 오감을 가지고 있습니다. 두뇌는 인공지능 기술이죠. 소프트웨어는 혈액과 같은 역할을 합니다. 소프트웨어 기술혁신은 심장박동과 같이 인터넷 전체를 변화시켜 나갑니다. 그리고 손과 발은 로봇이나 드론, 자율 주행 자동차와 각종 자동화 기계입니다. 이제 4차 산업시대에 접어들면서 인터넷 생물은 더 많은 손과 발을 확보해 나가게 될 겁니다. 그렇게 되면, 우리가 상상하지 못할 다양한 곳에 인터넷이 연결되고 데이터가 수집되며, 데이터는 알고리즘으로, 알고리즘은 다시 자동화 기계를 움직이게 되겠죠.

하드웨어, 소프트웨어 그리고 플랫폼

지금까지, 하드웨어, 소프트웨어 그리고 플랫폼에 대해 이야기했습니다. 하드웨어는 하드웨어를 팔 시장이 성장하는 한, 계속해서 발전해 나갈 겁니다. '무어의 법칙'과 비슷한 속도로 발전해 나가겠죠. 그러면 하드웨어 기술들은 어느 순간 '낭비해도 좋을 정도'로 싸지게 됩니다. 그 시점에 소프트웨어 기술혁신이 일어나겠죠. 아서 클라크의 말처럼,[07] 소프트웨어가 마법과 같은 일을 벌이게 됩니다. 그리고 플랫폼은 마법의 세계로 가는 관문 역할을 합니다. 이 세 가지는 서로에게 영향을 주고, 서로를 발전시켜가는 나아가며, 미래에 이르게 할 겁니다. 다시 말해, 하드웨어, 소프트웨어, 플랫폼의 발전 방향을 이해한다면, 우리는 우리가 떠밀려가고 있는 미래(소프트웨어 중심사회)가 어떤 방향으로 변화해 나갈지 이해할 수 있게 되는 거죠.

그럼 이제, 1장에 언급했던, 인공지능 자비스를 다시 생각해보겠습니다. 토니가 인공지능 자비스에게 말을 하는 건, 일을 시키는 과정이었습니다. 때로는 아이언맨 슈트를 조립하고, 때로는 비행 기록을 남기며, 인터넷을 검색해서 정보를 수집해 내기도 했지요. 토니는 말로 코딩을 한 셈입니다. 코딩이 바로 컴퓨터에게 일을 시

---

[07] 세계 SF 3대 거장 아서 클라크의 과학 3법칙 중 3번째 "충분히 발달한 과학 기술은 마법과 구별할 수 없다."

키는 과정이니까요. 물론, 인공지능 자비스는 상상의 산물이지만, 미래 어느 시점에는 현실이 될 수도 있을 겁니다. 비록 지금은 어렵게 프로그래밍 언어를 배워 코딩을 하지만 미래에는 말로 코딩할 수 있게 되는 겁니다.

> "그것은 마치 마을 광장으로 거대한 곰 한 마리를 끌고 와서, 푼돈을 받으면 곰이 춤추는 것을 보여주는 사람과 같다. 마을 사람들이 이 육중하고 둔한 동물이 이리저리 비틀거리며 풀쩍대는 신기한 광경을 보려고 몰려든다. 곰은 정말 형편없는 댄서이다. '놀라운 것은 곰이 춤을 잘 춘다는 것이 아니라 곰이 춤을 춘다는 사실 그 자체다.'"
>
> - 엘런 쿠퍼, 〈정신병원에서 뛰쳐나온 디자인(2004년), 53쪽 -

곰이 푼돈을 받을 수 있는 이유는 아직, 더 나은 방법이 없기 때문입니다. 만약 아름다운 무희가 나타나서 춤을 춘다면, 더 이상 곰이 추는 춤으로 푼돈을 벌어들이지 못하게 됩니다. 프로그래밍 언어를 익히고 그걸로 알고리즘을 짜내고 컴퓨터에게 일을 시키는 일련의 과정은 기술의 발전에 따라 인공지능 자비스의 일로 넘어가게 될 겁니다. 그렇게 된다면, '코딩 기술'은 그리 중요한 기술이 아닌 시대가 올지도 모릅니다.

그럼 현 시점에서, 우리의 반응을 교정할 필요가 있습니다. 코딩 열풍에 휩쓸려서 코딩 배우기에만 열을 올리기보다 그 이면을 들여다보고, 코딩이 왜 중요하게 되었는지를 따져봐야 합니다. 코딩이 중요하게 된 건, 코딩이 컴퓨터라는 도구를 다루는 방법이었기 때문입니다. 그리고 그 이면에는 도구를 다루는 사람의 '생각'이 있습니다. 코딩은 코딩하는 사람의 생각을 표현하는 방법입니다. 만약, 표현할 생각이 없이 코딩만 한다면, 그건, 인공지능 자비스가 해도 되는 일입니다. 우리와 우리 아이들이 작금의 코딩 열풍에 휩쓸려서, 그런 코드 제조기가 되는 건, 바람직하지 않습니다. 왜냐하면 코드 제조기 기능을 갖춘 인공지능 자비스가 세상에 나오면, 우리는 우리 일을 잃게 될 것이기 때문입니다.

1장의 토니 스타크와 아이언맨 슈트를 이야기를 다시 떠올려 보겠습니다. 토니 스타크가 아이언맨을 만들 때 가장 중요했던 건, 토니 스타크의 생각이었습니다. 자기 회사가 저지른 잘못을 돌이킬 수 있는 방법을 만들어야 한다고 판단했고, 그 방법을 '생각'해 낸 겁니다. 자비스는 '기중기'로써, '도구'로써, 토니 스타크의 명령에 따라 아이언맨 슈트를 만들었습니다. 문제해결의 근본적인 전략은 결국 토니 스타크가 생각해 낸 것이죠.

그러니, 이제 우리는 '생각'에 대해서 이야기할 필요가 있습니다.

6장

코딩과 생각

생각

"나는 생각한다. 고로 존재한다." 어린 시절부터 귀에 못이 박히도록 들었던, 데카르트의 명언입니다. 데카르트가 이 말을 한 후 수백 년이 지났지만 지금까지 많은 사람이 동의를 얻는 말이기도 합니다. '생각'은 인간의 '존재'를 규정지을 만큼 중요한 개념이기 때문이겠죠. 그래서 인간의 생각은 인류 역사에 다양한 형태로 영향을 미쳤습니다. 생각은 사상이 되었고, 지식이 되었으며, 학문을 발전시켜 인류 문명에 이바지하기도 했습니다.

소크라테스가 살았던 고대 그리스로 가보죠. 고대 그리스는 '말하기 기술'이 중요하게 여겨지던 시대였다고 합니다. 도시 국가의 주요 정책이 토론 과정에서 도출되었고, 토론에서 자기의 생각을 잘 전달할 수 있는 능력을 가진 사람은 국가의 고위직으로 올라갈 수 있었다고 하네요. 하지만 소크라테스는 당시 토론 문화에 부족한 점이 있음을 깨달았습니다. 그건 바로 '논증'이죠. 토론이 아무리 많이 이루어진다고 해도, 서로 자기가 하고 싶은 말만 한다면 공동체의 생각이 진전되지는 않겠죠. 결국, 말을 잘하는 사람의 생각이 공동체를 엉뚱한 방향으로 이끌어 갈 수도 있고요. 플라톤은 〈국가〉라는 책에서 "논증이 이끄는 대로 어디건 따라가야 한다"는 이른바 '소크라테스의 원리'를 기록하고 있습니다. 사람의 생각이 말이 되어 표현되고 그 말속에서 논증을 찾아낸다면, 논증이 일종의 사다리가 되어 진리에 가까이 갈 수 있게 되는 거죠. 그래서 당시 소크라테스는 사상을 이루었습니다. 훌륭한 제자들을 키워냈고요. 젊은이들에게 적지 않은 영향을 미쳤습니다.

생각은 말뿐만 아니라 글로도 전달될 수 있습니다. 인류가 글로 생각을 전달하기 시작했던 건, 상당히 오래전 일인데요. 수메르인은 기원전 3천 년 전부터 문자를 사용하기 시작했다고 합니다. 점토판에 남겨진 수메르인의 기록은 금전출납에 대한 내용부터, 아이가 학교 가기 싫다고 쓴 것도 있다고 하네요. 특히, 수메르인의 점토판에는 '쪽 번호'가 발견되는데요. 이는 단편적인 기록뿐만 아니라, '지식'이라 말해도 될만큼 분량이 있는 기록도 있었음을 유추해볼 수 있습니다.

세계적인 경영컨설턴트이자 미래학자인 니콜라스 카는 '띄어쓰기'에 주목했습니다. 글로 생각을 전달할 때, 띄어쓰기는 글을 읽는 방식에 중요한 변화를 주기 때문인데요. 니콜라스 카는 띄어쓰기가 가져오는 글 읽기의 변화가 결국 뇌를 개선하는 역할을 했다고 보고 있습니다. 띄어쓰기가 되어 있는 글은 소리 내지 않고 조용히 읽을 수 있는데요. 그러면 깊이 읽고, 깊이 생각할 수 있게 됩니다. 그리고 이러한 읽기가 반복되면, 우리 뇌가 이에 적응하고 결국 깊은 생각을 하는 뇌가 되는 거죠.

아마, 띄어쓰기가 없었다는 이야기에 대해 의아해하는 분도 있을 텐데요. 사실 중국어나 일본어에 경우에는 현재도 띄어쓰기가 없습니다. 글자가 뜻을 가지고 있는 표의문자의 경우, 글자만 보고 뜻을 받아들일 수 있지만, 글자가 음을 나타내는 표음문자에 경우는 읽어서 단어로 바꾸는 단계를 거쳐야 뜻을 이해할 수 있습니다. 그래서 한자를 쓰는 중국어나 일본어는 띄어쓰기가 필요 없지만 한글은 필요한 거죠. 물론 과거에는 한자와 혼용하는 경우도 많아서 한글에도 띄어쓰기가 없었던 모양입니다. 그래서 한글에 띄어쓰기를 시작한 건 150년쯤 밖에 안 되었다는군요.

소리를 담는 알파벳으로 글을 쓰던 유럽은 꽤 오래전부터 띄어쓰기의 필요성을 느끼기 시작합니다. 4세기쯤으로 추정되는데요. 니콜라스 카는 〈생각하지 않는 사람들(2015년)〉에서 아우구스티누스의 〈고백록(2019년)〉을 근거로 설명합니다. 아우구스티누스는 기독교계에서 성자로 알려진 인물입니다. 20대까지는 마니교와 철학에 심취했었지만, 암브로스 주교를 만나 영향을 받고, 기독교로 개종했죠. 아우구스티누스는 〈고백록〉이라는 자서전에서 암브로스 주교가 묵독하는 모습을 묘사했습니다. 아마 띄어쓰기를 하지 않았던 당시에는 독서를 하면서 소리를 내어 책을 읽지 않는다는 건, 아주 낯선 풍경이었을 겁니다. 그런데 아우구스티누스는 소리 내지 않고 책 읽는 암브로스 주교의 모습을 보게 된 거죠. 그래서 그 모습이 신비하게 느껴지기까지 했다고 기록했습니다.

    소리 내지 않는 묵독이 가능해진 유럽에서 또 하나의 사건이 발생합니다. 바로 인쇄술의 보급이죠. 구텐베르크가 인쇄술을 보급하기 시작하면서 유럽에는 읽을 수 있는 책이 많아졌습니다. 구텐베르크 이후 50년 동안 출판한 책들은 그전 1천 년 동안 필사된 책의 분량을 넘어섰다고 하네요. 물론, 읽을 책이 많아지자 더 많은 사람이 깊이 생각할 수 있게 되었습니다. 그 결과 유럽의 문명은 엄청난 발전을 거듭하기 시작했고요.

    그럼 니콜라스 카의 책 제목이 왜 〈생각하지 않는 사람들〉일까요? 그건 현재 우리의 자화상입니다. 우리 세대는 "생각을 하지 않는" 세대라는 말인데요. 그건, 우리가 인터넷을 통해 정보를 얻어내는 쪽에 익숙해서 독서를 하지 않게 되었기 때문입니다.

    몇 십 년 전만 해도 지식이나 정보를 얻는 유일한 방법은 '문서'였습니다. 정보를 얻으려면 책을 읽어야 했죠. 하지만 현재 인터넷은 그런 과정을 생략하게 만들어 줍니다. 필요한 정보가 있으면 도서관에서 책을 찾지 않고, 인터넷 화면에서 검색을 합니다. 검색 결과에서 원하는 정보를 빠르게 찾아내서 딱 그 부분만 읽어보고 정보를 소비하게 되는 거죠. 이런 경우 우리의 눈은 지그재그로 빠르게 정보를 찾는 시도를 하게 되는데요. 결국 우리의 뇌가 우리의 그런 읽기 습관에 익숙해지고, 생각을 하지 않는 뇌로 변화해 간다는 것이 니콜라스 카의 설명입니다.

세계 3대 미래학자로 손꼽히는 리처드 왓슨도 비슷한 주장을 하고 있습니다. 〈퓨처 마인드(2011년)〉에서, 리처드 왓슨은 '첨단기기' 사용이 가져오는 폐해를 나열하고 있는데요. 그중에 '쓰기와 읽기'에서 멀어지는 것은, 생각이 없는 단계로 나아가게 만든다고 이야기합니다. 니콜라스 카의 주장에 동조하는 입장이죠. 여기에 더해 '조르디 윌리엄슨'이라는 사람을 인용해서 '인간의 사고를 아웃소싱'하게 만드는 강력한 촉진제라고 표현하고 있습니다.

우리는 지금까지 생각이 어떤 일을 해왔는지 이야기했습니다. 말로 표현되는 생각은 논증의 단계를 거쳐 사상이 될 수 있고요. 글로 표현하는 생각은 지식과 정보의 단계를 거쳐서 책을 읽는 사람을 변화시키는 역할을 했습니다. 깊은 생각을 할 수 있는 뇌를 갖게 해 준 거죠. 깊은 생각이 가능한 사람들의 학문적 깊이는 그만큼 깊어질 수 있었고, 이는 근대 학문과 기술이 발전하는 원동력이 되었습니다.

그럼, 이제 생각을 표현하는 또 다른 도구에 대해서 이야기하겠습니다.

코딩과 생각

코딩 역시 생각을 표현하는 방법입니다. 어떤 문제를 해결하기 위해서, 해결방법을 생각해 내고, 그 방법을 컴퓨터에 이식시키는 과정을 코딩이라고 하니까요.

'컴퓨터에 이식시키는 과정'에는 두 가지 주체가 있습니다. 컴퓨터와 사람이죠. 컴퓨터 입장에서는 컴퓨터가 이해하는 명령을 받아야 그대로 움직일 수 있습니다. 하지만 사람의 입장에서 컴퓨터의 명령은 다루기 힘듭니다.

예를 들어서 5 더하기 6이라는 연산을 수행한다면, 컴퓨터가 이해하는 명령은 다음과 같은 형식입니다.

> "숫자 5를 1번 메모리에 넣어라
> 숫자 6을 2번 메모리에 넣어라.
> 1번 메모리와 2번 메모리 내용을 더하여 3번 메모리에 넣어라.
> 3번 메모리에 숫자를 꺼내서 보여줘라."

하지만 사람 입장에서는 다음처럼 표현하고 싶습니다.

> "5+6"

소프트웨어 업계에서 한 획을 그은 '그래디 부치'는 다음과 같은 말을 했다고 합니다.[01]

[그림 6-1] 그래디 부치

"소프트웨어 공학의 전체 역사는 추상화 수준을 높이는 것으로 특징지을 수 있다."

- 그래디 부치, 김창준 저,
〈함께 자라기(2018년)〉에서 인용 -

복잡한 컴퓨터의 명령을 "5+6"과 같이 표현하는 것, 이런 걸, 추상화라고 합니다. 컴퓨터식 표현이 사람의 표현으로 좀 더 가까이 가는 걸 의미하죠. 그러니, 소프트웨어 공학의 역사는 컴퓨터에 가까운 표현 방법이 사람에게 가까운 표현 방법으로 전이되어 가는 과정이라 말할 수 있습니다.

이제, "해결방법을 생각해내는 부분"을 살펴보죠. 예를 들어, 우리가 '라면 끓이기'라는 문제에 직면했다고 생각해보겠습니다. 그렇다면 우리는 아마 다음과 같은 해결방법을 생각해 낼 겁니다.

---

01 그래디 부치는 이바 야콥슨, 제임스 럼바와 함께 UML(Unified Modeling Language)을 개발한 사람입니다. 당시 객체지향 설계 분야의 가장 유력한 세 사람이 모여서 만든 모델링 언어이기 때문에 UML은 객체지향 설계 분야의 표준으로 여겨졌습니다.

첫째, 냄비에 550ml의 물을 붓는다.

둘째, 물이 100℃가 될 때까지 끓인다.

셋째, 물이 끓으면, 라면과 스프를 넣고 5분 정도 더 끓인다.

넷째, 취향에 따라 계란이나 대파 등을 넣는다.

이렇게 논리적인 절차에 의해 문제를 해결하는 사고방식을 '절차적 사고'라고 부릅니다. 라면 끓이기뿐 만이 아닙니다. '절차적 사고'에 따라 문제를 해결하는 상황은 우리 주변에서 많이 볼 수 있습니다. 가정용 소화기의 사용 방법이라든지, 가구 조립 설명서, 심지어 군인들이 초소에서 경계 근무를 할 때 전방을 관찰하는 방법도 '절차적 사고'에 의해서 '문제해결 방식'을 만들어낸 겁니다.

아이들이 배우는 스크래치나 엔트리 같은 프로그램을 보면, 명령 블록을 쌓아서 실행하도록 구성되어 있습니다. 역시, '절차적 사고'에 의해서 문제를 해결하는 방법입니다. 여기서 중요한 점이 있습니다. 스크래치는 '해결방법을 생각하는 것'과 '표현방법'이 연결되는 지점이기 때문입니다. 스크래치를 사용하는 동안 아이들은 '절차적 사고'에 의해서 '해결방법'을 생각해 냅니다. 그리고 그 생각을 그대로 블록 쌓기로 '표현'하는 거죠.

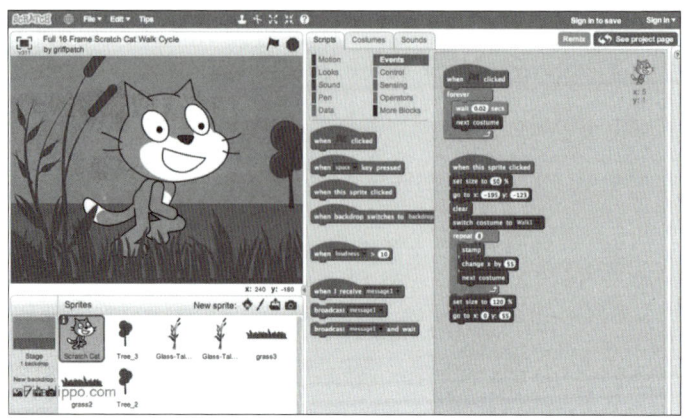

[그림 6-2] 스크래치

    C 언어라는 프로그래밍 언어도 '절차적 사고'를 표현하기 좋은 프로그래밍 언어입니다. 그래서 C 언어에 익숙한 개발자들은 '절차적 사고'로 문제를 해결하기를 즐겨합니다. '절차적 사고'에 익숙해졌기 때문입니다.

    하지만 문제해결의 방법은 '절차적 사고'만 있는 것이 아닙니다.

객체지향적으로 생각하라

매킨토시와 윈도우즈는 그래픽 화면으로 사용자와 소통하는 운영체제입니다. 그림으로 개념을 만들고 보여주기 때문에 사용자는 컴퓨터를 이해하기 더 쉬워졌습니다. 명령을 일일이 타이핑하던 시대와는 비교할 수도 없죠.

그러나 개발자들 입장에서는 엄청난 시련의 시대가 시작된 것이었습니다. '절차적 사고'에 익숙했던 개발자들이 그래픽 사용자 환경을 코딩하는 건, 무척 힘들었기 때문입니다. 화면에 보이는 메뉴와 아이콘, 마우스의 움직임 같은 걸 '절차적 사고'로 분석해서 코딩하는 건, 버거운 일이었습니다.

그래서 처음 이런 환경을 개발했던, 앨런 케이는 '객체지향'이라는 개념을 사용하기 시작했습니다.[02] 화면에 보이는 메뉴, 창, 아이콘 같은 것을 '객체'라는 개념으로 정리했던 거죠.

[그림 6-3] 앨런 케이

앨런 케이는 '스몰토크'라는 프로그래밍 언어를 사용했지만, 대중적인 인기를 끌고 있던 프로그래밍 언어는 C 언어였습니다. 그래서 C 언어와 비슷한 문법 체계로 객체지향적인 표현이 가능하게 한 C++나 자바 같은 프로그래밍 언어가 주목받기 시작했습니다. 하지만 이 부분에서 문제가 발생합니다.

---

02 객체지향 개념을 처음 사용한 사람은 앨런 케이가 아닙니다. 객체지향은 1960년대부터 사용하기 시작한 개념이니까요.

> "C++ 프로그래머라고 주장하는 개발자들은 C++ 컴파일러를 사용하는 C 프로그래머에 불과할 때가 많다."
>
> – 맷 와이스펠드, 〈객체지향적으로 생각하라(2009년)〉, 15쪽 –

절차적 사고로 문제해결 방법을 생각해내고, C 언어로 표현하던 개발자들은 새로운 시대에 적응하기 위해 C++를 배웠습니다. 하지만 본인들이 가진 문제해결의 방식은 변경하지 않았습니다. 다시 말해 문제해결을 '절차적 사고'로 하려고 했던 겁니다. 그러니 표현 방식도 절차적인 방식이 되었습니다. 그래서 C++ 언어를 C 언어 쓰듯이 사용했던 거죠.

하지만 이렇게 만든 코드는 재사용하기 힘든 코드가 되었습니다. 객체지향에서 코드를 재활용하려면, '객체'를 잘 나누어야 하는데, '절차적 사고'에 익숙한 개발자들은 '개체'를 순차적 명령을 짧게 정리하는 용도 정도로 사용하려 했습니다(이야기가 복잡해지니 더 이상의 설명은 생략하겠습니다). 이런 코드는 결국 오랜 시간을 들여서 수정하거나 다시 작성해야 했습니다. 회사 입장에서는 비용을 갑절로 지불해야 하는 상황이 되어버린 거죠.

문제해결을 위해 분석하는 사고방식 두 가지를 말씀드렸습니다. '절차적 사고'와 '객체지향적 사고'였습니다. 그럼 이러한 문제해결 방식이 요즘도 유용할까요? 그렇지는 않은 것 같습니다. 요즘은 '결정론적 사고'가 대세입니다.

> "전통적으로 컴퓨터 과학에서는 결정론적 사고가 최고지만 머신러닝에서는 통계적 사고가 필요하기 때문이다."
>
> – 페드로 도밍고스, 〈마스터 알고리즘(2016년)〉, 40쪽 –

'스택오버플로'라는 전 세계적인 개발자 커뮤니티가 있습니다. 개발자들이 코딩하다가 모르는 걸 질문하면, 이를 아는 다른 개발자가 대답해주는 형식인데요. 그 규모가 상당히 크기 때문에, 웬만한 문제의 해답은 모두 가지고 있는 것 같은 그런 곳입니다.

2011년부터 스택오버플로는 매년 설문 조사를 합니다. 개발자들이 어떤 프로그래밍 언어를 사용하는지부터, 연령대, 성별에 이르기까지 다양한 질문을 하므로 전 세계적인 개발자 트렌드를 이해하기 좋은 자료가 되죠. 그중 개발자 연봉에 대한 질문도 있습니다. 어떤 프로그래밍 언어를 사용하는 개발자가 높은 연봉을 받고 있는지를 알 수 있는 부분인데요. 여기에 언급되는 프로그래밍 언어들은 모두 '함수형 프로그래밍' 언어였습니다. '함수형 프로그래밍' 언어들은 '결정론적 사고'를 사용해서 문제해결 방법을 생각해내고 표현하기 좋게 되어 있습니다.

여기까지 읽고 난 후 '나도 한번 배워볼까?' 또는 '우리 아이도 가르쳐볼까?'라고 생각하는 분도 있을지 모르겠는데요. 사실, 고소득의 원인이 프로그래밍 언어에 있다고 생각하기엔 좀 미심적인 부분이 있습니다. 일단, 언급된 프로그래밍 언어가 대중적이지 않은 프로그래밍 언어들입니다. 배우기 위해서 자료를 찾기도 좀 애매한 경우가 많죠. 게다가 만들어진지도 얼마 안 된 언어들입니다(10년 내외 더군요). 그리고 결정적으로 프로그래밍을 입문할 때, '함수형 프로그래밍' 언어로 프로그래밍을 시작하는 경우는 드문 편입니다.

우리의 상황을 떠올려 봐도 그렇습니다. 앞서 언급된 스크래치나 엔트리, 그리고 우리나라 고등학교에서 가르친다는 C 언어나 파이썬도 함수형 프로그래밍 언어가 아니거든요. 그러니, 고소득 개발자들의 높은 소득의 원인은 특정 프로그래밍 언어를 알아서가 아니라, 프로그래머 자체에 있다고 봐야 타당합니다. 어떤 프로그래밍 언어를 사용하든지 높은 고소득자가 될 수 있는 개발자들이 그 프로그래밍 언어를 선택했다고 봐야 합리적이죠. 그럼 고소득 개발자들은 어떤 성향이 있어서 그 결과를 만들었을까요? 그건, 만들어진지 얼마 안 되는 프로그래밍 언어를 사용한다는 부분에서 유추할 수 있을 것 같습니다. 이미 '결정론적 사고'를 가지고 있는 개발자들이 '결정론적 사고'로 문제해결 방식을 분석해 내고, 그 결과를 표현하기 좋은 프로그래밍 언어를 선택한 겁니다.

고소득 개발자들은 절차적 사고나 객체지향적 사고를 배우면서 코딩을 익혔고, 스스로 사고방식의 문제점을 보완하기 위해 '결정론적 사고'로 옮겨간 사람들일 겁니다. 다시 말해 고소득 개발자들은 스스로의 생각 방식을 지속적으로 더 나은 방식으로 바꿀 수 있는 사람이라고 이야기할 수도 있겠군요.

컴퓨팅 사고

요즘은 초등학생과 유치원생까지 코딩 교육을 받고 있는데요. 초등학교 5, 6학년까지 코딩 교육이 의무화되었기 때문입니다. 미래에는 코딩을 할 수 있는 것 자체가 필수적인 능력이고, '컴퓨팅 사고력'을 가져야 어느 분야에서든지 꿈을 펼칠 수 있게 된다고 보기 때문이죠. 하지만 교육의 내용이 '절차적 사고'에만 집중되어 있는 게 아닌가 싶습니다. 스크래치와 엔트리를 배운다거나 아니면, 고등학교에서 C 언어를 배운다고 해도 결국은 '절차적 사고'를 연습하는 거니까요.

아이들에게 정말 필요한 건, 특정한 프로그래밍 언어를 배우는 게 아니라, 맞닥뜨린 문제를 해결함에 있어, 가장 효과적인 문제해결 방식을 구사할 수 있도록 스스로를 변화시켜가는 능력이거든요. '절차적 사고'에 머무르지 않고, '결정론적 사고'나 '통계적 사고'까지 사고방식을 스스로 확장해 나가야 하죠.

또한, 그렇게 생각해낸 문제해결 방법을 그대로 표현해 낼 수 있는 능력이 필요한데요. 그건 앞에서 '추상화'라는 용어로 언급했습니다. 컴퓨터가 이해하는 복잡한 명령이 아니라 "5+6"이라는 수식으로 표현해 내는 것처럼, 문제해결 방법을 생각해낸 걸, 추상화해서 코드로 표현해 낼 수 있는 능력이 필요하죠.

그러나 우리 어른 세대가 받았던 교육 방식으로 코딩 교육도 답습하고 있는 것 아닌가 염려됩니다. 1장에서 언급했던 걸 기억하겠지만, 식민지 시스템을 유지하기 위해 부품을 만드는 교육은 특정 능력이 있으면 되기 때문에, 기준을 정하고 그 능력을 주입하는 방식을 취하게 됩니다. 만약, C 언어를 알아야 한다면 C 언어를 배우게 하고, '절차적 사고'를 알아야 한다면 절차적 사고를 배우고 연습하게 하는 거죠. 이런 식으로 코딩 교육이 진행된다면, 코끼리를 말뚝에 묶어두는 결과를 초래하지 않을까 싶습니다.

코끼리는 힘이 세서 말뚝에 묶어 두지 못하는데요. 방법이 있습니다. 고정관념을 심어주면 된다네요. 코끼리가 어릴 때, 말뚝에 묶어두고 묶인 끈보다는 멀리 가지 못한다는 고정관념을 심어주면, 성인 코끼리가 되어서도 말뚝에 묶어 둘 수 있다고 합니다.[03]

이미 살펴봤던 것처럼, 소프트웨어 분야는 앞으로 엄청난 발전을 거듭하게 될 텐데요. 현재 시점에서 알려진 내용만을 토대로 미래를 정의하고 교재를 만들어 아이들을 가르친다면, 현재까지 알

---

03 어린 코끼리는 묶여 있는 말뚝을 뽑을 만큼 힘이 없기 때문에 발버둥치다가 그런 현실을 그대로 받아들여 말뚝에 묶이면 벗어나지 못한다는 '고정관념'을 갖게 된다고 합니다.

려진 개념이 코끼리 말뚝으로 작용할 수 있을 것 같네요. 그러니 상황을 이해하고 스스로 사고를 확장해 갈 수 있는 능력을 갖도록 해줘야겠죠.

물론, 이건 아이들만의 문제가 아닌 것 같습니다. 우리도 코딩으로 먹고살게 된다면 앞으로 꽤 오래 코딩을 해야 하거든요. 어쩌면 우리도 '인공지능 자비스'에게 일을 빼앗기는 상황에 이를지도 모르니까요. 따라서 우리의 이야기 주제는 '생각'에 좀 더 머물러야 할 것 같습니다. 결국은 생각을 어떻게 하느냐의 문제로 귀결되고 있거든요.

코딩의
미래

7장

생각의 도구

기억의 값어치

위키피디아에 따르면, 1957년에 생산된 하드디스크의 용량은 3.75 메가바이트였습니다.[01] 요즘 스마트폰으로 찍은 사진을 저장하려면 1메가바이트 정도 필요하니까 사진 세 장 정도 넣으면 가득 차는 용량이었는데요. 무게는 무려 910킬로그램이었다고 합니다. 지게차를 동원해야 들 수 있는 무게였죠.

비용도 어마어마했는데요. 당시 1메가바이트를 저장하는 데 필요한 돈은 9,200달러였습니다. 디지털 사진 한 장을 저장하는 데 9,200달러가 필요했던 겁니다. 그러나 기술은 지속적으로 발전했고 2020년에 이르러서는 1기가바이트 당 0.024달러에 저장할 수 있게 되었습니다. 1기가는 1메가의 1,024배이니 대충 0.000024달러에 사진 한 장을 저장할 수 있는 시대가 된 겁니다.

그럼 이제, 일본의 '생각 전문가', 야마구치 요헤이의 말을 들어 보죠.

> "몇 만 원이면 1테라바이트 하드디스크를 살 수 있는 요즘, 지식이나 정보의 양에는 더 이상 가치가 없다."
>
> – 야마구치 요헤이,
> 〈생각하는 힘은 유일한 무기가 된다(2019년)〉, 14쪽 –

---

01 https://en.wikipedia.org/wiki/Hard_disk_drive

야마구치 요헤이가 던지고 있는 화두는 충격적입니다. 왜냐하면 우리는 지식과 정보를 상당히 중요하게 여기는 사회에서 살아왔기 때문입니다. 우리가 이런 사회 분위기를 당연하게 여겼던 건, 아마 우리가 받은 교육의 영향이 크지 않을까 싶습니다. 1장에서 언급했던 것처럼 우리는 내용을 이해하는 쪽보다 '기억'하는 쪽을 더 중요하게 여기는 교육 시스템에서 교육을 받았거든요.

그러나 시대가 바뀌었습니다. 지식을 기억하는 매체의 가격이 너무 싸졌습니다. 그러니 지식을 기억하는 능력의 값어치는 떨어질 수밖에 없습니다. 게다가 지식을 얻는 과정도 쉬워졌습니다. 과거에는 지식을 얻으려면 대학에 가야 했습니다. 하지만 지금은 스마트폰으로 검색해보면 됩니다.

탁월한 혜안을 가진 볼테르는 18세기에 다음과 같은 말을 남겼다고 합니다.

"어떤 답을 하느냐가 아니라 어떤 질문을 하느냐로 사람을 판단하라."

– 볼테르, 에릭 브린욜프슨, 앤드루 맥아피,
〈제2기계의 시대(2014년)〉, 242쪽 –

볼테르의 말은 당시에도 맞는 말이었겠지만, 지금 현재는 더더욱 맞는 말이 되었습니다. 답은 지식에서 나오는 겁니다. 기억에서 나오는 거죠. 그러니 기억의 가치가 떨어지는 시대에서 "어떤 답을 할 수 있느냐"보다는 "어떤 질문을 하느냐"가 더 중요하게 되었습니다.

그럼, 어떤 질문일까요? 김정운 소장의 〈에디톨로지(2018년)〉는 '질문'이 무엇인지 정확하게 이해할 수 있는 일화를 소개하고 있습니다.

> "1960년대 미국 하버드 대학의 대학원생이었던 마사 매클린톡은 기숙사 근처 상점에 생리대를 사러 가면 매번 물건이 동난 것을 의아하게 생각했다. 평소 매대에 가득했던 물건이 자신이 필요할 때면 꼭 다 팔렸다는 것이다. 단지 우연의 일치일 수는 없다는 생각에 그녀는 이 의문을 집요하게 추적했다. 수년간의 연구 끝에 그녀는 '생리 주기 동조화 현상'을 1971년 〈네이처〉에 발표했다. 함께 생활하는 여학생들의 생리 주기가 시간이 흐를수록 점점 비슷해지는 현상을 보인다는 것이다. 매클린톡 효과(McClintock effect)라고도 불리는 이 현상의 발견은 정보와 정보의 관계에 관한 '아마도'라는 창의적 추론에서 시작한 것이다."
>
> - 김정운, 〈에디톨로지〉, 100~101쪽 -

일상으로 지나칠만한 사건에 대해 질문을 가진 '매클린톡'은 〈네이처〉에 실을 만한 과학적 사실을 얻어내는 연구자가 되었습니다.

질문은 생각의 시작점입니다. 생각을 나아가게 하는 원동력입니다. 제대로 된 질문을 할 수 있다면, 우리는 우리가 가진 문제를 해결할 수 있는 방법을 찾아낼 수 있습니다.

고무 오리

질문을 할 수 있게 해주는 도구로 '고무 오리'라는 게 있습니다. 뭔가 특별한 게 있는 건 아니고요. 말 그대로 '고무 오리'를 뜻하는 겁니다. 그냥 만만하게 생긴 고무 오리 인형을 책상 앞에 두었다가, 문제해결 방법이 떠오르지 않을 때, 고무 오리를 붙잡고 질문을 해보는 겁니다. "이러저러한 상황인데 너는 어떻게 생각하니?", "이런 방법으로 해결하면 괜찮을까?" 이렇게 '고무 오리'에게 질문해보는 겁니다. 그러면 문제해결을 위한 생각에 진전이 일어납니다. 그리고 스스로 문제해결 방법을 찾아내게 되죠.[02]

[그림 7-1] 고무 오리

---

02 기회가 된다면, 〈실용주의 프로그래머(2022년)〉, 〈읽기 좋은 코드가 좋은 코드다(2012년)〉, 〈코딩 호러의 이펙티브 프로그래밍(2013년)〉, 〈애자일 테스팅(2012년)〉 등의 책에서 고무 오리를 언급한 내용들을 찾아보세요.

이처럼 생각을 더 잘할 수 있게 해주는 도구를 '생각의 도구'라고 합니다. '생각'이 주제가 되는 책에는 다양한 '생각의 도구'가 언급되곤 하는데요. 그 몇 가지를 정리해보겠습니다.

앞에서 언급한 야마구치 요헤이의 〈생각하는 힘은 유일한 무기가 된다〉는 생각의 힘을 강조하는 책입니다. 이 책에서 야마구치 요헤이가 제시하는 생각의 도구는 다음 네 가지입니다.

❶ MECE Mutually Exclusive and Collectively Exhaustive: 상호 교집합이 없고, 누락이 없는 지도를 만들어 보기
❷ 로직트리: 문제해결을 위해 문제를 논리적으로 분리해 나가기
❸ 이항대립: 생각의 대상을 '목적과 수단', '원인과 결과'와 같이 대치되는 두 가지 항목으로 나누어 생각해보기
❹ 인과관계 맵: '관계'를 연결하는 맵을 그려보기

한편, 창의적인 생각을 주제로 저술된 〈생각의 탄생(2007년)〉의 저자들은 '생각 도구'라는 접두사를 써서 13개의 장을 서술하고 있습니다. 설명하는 내용이 상당한 분량이라서 그 내용을 전부 가져올 수는 없지만 항목별로 요약해보면 다음과 같습니다.

❶ 관찰: 오감을 모두 사용해서 관찰하기
❷ 형상화: 머릿속에서 형상을 만들어 보기, 소리를 보고, 그림을 듣기

❸ 추상화: 단순하게 만들기
❹ 패턴인식: 그림, 사물, 음악, 체스 등 다양한 분야에서 패턴 찾아내기
❺ 패턴형성: 유전암호를 풀었을 때처럼 패턴을 형성해서 대응하기
❻ 유추: 다른 분야의 유사성을 찾아 유추해내기
❼ 몸으로 생각하기: 몸으로 느껴보기
❽ 감정이입: 타인의 자리에서 그 사람의 감정을 느껴보기
❾ 차원적 사고: 공간적인 사고를 하기
❿ 모형 만들기: 군사 작전을 모형으로 만들어 보는 것 같이 생각을 돕기 위해 모형을 만들어 보기
⓫ 놀이: 대상을 가지고 놀아보기[03]
⓬ 변형: 사고에 변형을 가해 보기
⓭ 통합: 다양한 분야의 결과를 모아보기

그리고 미래학자 리처드 왓슨은 〈퓨처 마인드〉에서 '깊은 사고'에 도움이 되는 10가지를 소개하고 있습니다.

❶ 시간과 공간을 창조하라.
❷ 지적으로 난잡해져라.
❸ 생각 일기를 적어라.

---

[03] 리처드 파인만은 식당에서 접시가 빙그르 돌면서 떨어지는 것을 보고 노벨 물리학상을 받을 아이디어를 생각해 냈다는군요.

❹ 개방적 사고를 유지하라.
❺ 욕실 공간을 활용하라.
❻ 침착하게 굴어라.
❼ 억제하지 마라.
❽ 실패를 수용하라.
❾ 문제를 공유하라.
❿ 일하러 가지 마라.

저자의 관점에 따라서 의미가 중복되기도 하고, 때에 따라서 함께 써도 괜찮을 것 같은 도구도 있군요. 이 외에도 생각하기를 주제로 서술하는 책에는 저마다 다양한 도구를 제시하고요. '마인드 맵' 같이 아예 생각하기 도구 자체를 설명하는 책도 많습니다.

우리 입장에서는 스스로에게 유용해 보이는 도구를 선택해서 사용하는 것이 좋을 것 같습니다. 사람마다 잘 작동하는 '생각의 도구'는 다르기 때문입니다.

위에 나열된 '생각의 도구'에서 리처드 왓슨이 정리한 "욕실 공간을 활용하라"라는 도구는 한번 집고 넘어갔으면 합니다.

〈퓨처 마인드〉에서 리처드 왓슨이 설명하는 "욕실 공간을 활용하라"는 두 가지 의미입니다. 찬물로 샤워하기, 따뜻한 욕조에 누워 있기가 그것인데요. 리처드 왓슨에 따르면, 찬물로 3분간 샤워하는 것은 청반 Locus Ceruleus이라는 뇌신경을 자극하고 부정적 생각과 만성 스트레스를 없애주는 역할을 한다는군요. 그리고 따뜻한 욕조에 몸을 담그고 있는 것은 좋은 해결방법이 떠오르기를 기다려보는 겁니다.[04]

〈탁월한 아이디어는 어디서 오는가(2012년)〉에서는 "오랫동안 샤워를 하거나 욕조에 몸을 담그고 있는 동안" 혁신가들은 혁신적인 아이디어를 떠올렸다고 설명하고 있습니다. 그러면서 아르키메데스를 상기시키는데요. 아르키메데스가 "유레카"를 외쳤던 건, 따뜻한 욕조 안이었습니다.

아인슈타인도 "왜 나는 샤워 도중에 최고의 아이디어가 떠오를까?"라는 말을 남겼더군요.[05] 아인슈타인 같은 천재에게도 '샤워'가 생각을 돕는 도구였던 것 같습니다.

소프트웨어 개발 업계에는 아예 '샤워 방법론'이라는 용어를 사용해서 설명하는 사람도 있습니다. 〈테스트 주도 개발(2014년)〉의 저자인 '켄트 백'인데요. '샤워 방법론'은 문제해결 방법이 생각날 때까지 샤워를 하는 겁니다. 그리고 〈클린 코더(2016년)〉에서도 "엄청난 수의 문제를 샤워하면서 풀었다"라고 하고 있습니다.

〈블랙 스완〉으로 큰 파장을 일으켰던, 나심 니콜라스 탈레브는 〈행운에 속지 마라(2016년)〉 말미에, "샤워하면서 떠오른 세 가지 생

---

04 리처드 왓슨, 〈퓨처 마인드〉, 237쪽
05 줄리아 카메론, 〈아티스트 웨이(2017년)〉, 65쪽

각"이라는 장chapter을 따로 두고 샤워하면서 떠오른 "행운에 속지 마라"에 대한 아이디어를 언급하고 있습니다.

마지막으로 IBM의 토마스 왓슨 주니어가 쓴 〈거인의 신념 (2005년)〉에서도 '샤워'에 대한 이야기가 나옵니다. 토마스 왓슨 주니어는 IBM이 혁신적이고 올바른 투자를 했던 사례로 1929년 미국 대공황 시절, IBM의 팽창정책을 예로 들고 있는데요. 불경기 시기라서 다른 회사들은 감원을 하며, 몸집을 줄였지만, IBM은 오히려 사람을 더 뽑았다고 합니다. 그리고 이때, IBM은 샤워 시설도 추가했습니다. 근무 시간에 샤워를 할 수 있도록 해준 거죠. 그 때문인지는 모르지만, IBM은 그 후로도 지속적으로 성장했고, 1970년~1980년대에는 전 세계 컴퓨터 시장을 점령하다시피 했죠.

어떻게 '샤워하기'가 많은 사람의 생각을 돕고, 혁신적인 아이디어를 만들어 낼 수 있게 했을까요? 그건 '직관'의 놀라운 능력과 관련 있어 보입니다.

논리와 직관

2002년 노벨 경제학상은 대니얼 카너먼이라는 심리학자가 수상했습니다. 카너먼은 1979년 '전망 이론'을 발표했는데요. 전망 이론은 '행동경제학'이라는 분야를 이끌어 내는 마중물이 됩니다. '행동경제학'은 '인간의 심리'를 경제학에 적용한 분야입니다. 이건 상당히 큰 의미가 있는 건데요. 왜냐하면 애덤 스미스 이후 경제학은 '이상적인 인간'을 기본 모델로 이론을 쌓아 올렸기 때문입니다. '이상적 인간'은 '심리적 요인'을 배제한 인간입니다. 즉, '심리적 요인'을 배제하고 발전한 경제학 분야에 '행동경제학'이 '심리적 요인'을 밀어 넣는 역할을 했던 것입니다. 그러니 대니얼 카너먼이 노벨 경제학상을 받기에 마땅했죠.

[그림 7-2] 대니얼 카너먼

카너먼의 〈생각에 관한 생각(2018년)〉은 인간의 심리와 생각에 대해 설명하는 책입니다. 카너먼은 〈생각에 관한 생각〉에서 인간이 생각을 하는 방식을 두 가지로 나누고 설명하는데요. 카너먼은 이를 '시스템 1'과 '시스템 2'라고 불렀습니다.

시스템 1은 저절로 빠르게 작동하는 시스템입니다. 주의 집중을 필요로 하지 않지만, 통제하기도 어렵습니다. 시스템 2는 우리가 주의를 집중하면 사용할 수 있는 시스템입니다. 계산할 때도 이를 사용하는데요. 우리가 걷고 있을 때 좀 어려운 암산 문제를 풀려고 하면 걸음을 늦추거나 멈추는 이유가 여기에 있습니다. 시스템

2를 사용하기 위해 주의를 집중하면서 걸음걸이를 멈추는 거죠.

카너먼은 시스템 1과 시스템 2의 관계에 대해 '시스템 2는 자신을 영웅이라 믿는 조연'라고 묘사했습니다. 시스템 2가 조연이니, 시스템 1은 주연이 되겠죠.

여기서 잠깐, 시스템 1, 시스템 2에 다른 이름을 붙이고 넘어갔으면 합니다. 시스템 1, 시스템 2는 눈에 잘 들어오지 않아서요. 시스템 1은 '직관적 사고', 시스템 2는 '논리적 사고'라고 해보겠습니다. 그럼 다시 카너먼의 표현을 옮겨와 보죠. "논리적 사고는 자신을 영웅이라 믿는 조연이다."

이제 '논리적 사고'와 '직관적 사고'가 어떻게 조연과 주연으로 활동하는지를 예를 들어보겠습니다. 아르키메데스가 욕조에 눕는 장면을 상상해보죠. 아르키메데스는 왕이 낸 문제를 풀어야 했습니다. 아르키메데스는 당대 철학자이고 지혜 있는 사람이라는 평가를 받았지만, 이 문제만큼은 어떻게 풀어야 할지 몰랐습니다. 아마 한참을 고민했을 겁니다. 몸이 피곤할 정도로 고민하다가 집에 돌아와서 욕조에 몸을 눕히게 됩니다.

'논리적 사고'는 아르키메데스의 머릿속 무대를 가득 채우며 영웅 행세를 한 겁니다. 왕의 문제를 해결할 수 있을만한 다양한 소품들을 무대 중앙으로 가져왔다가 가지고 나가고, 도움을 줄 수 있을 것 같은 사람들의 초상화를 보여주기도 했을 겁니다. 하지만 결론을 내리지 못하고 지쳤습니다.

　욕조에 따뜻한 물이 아르키메데스에게 휴식을 주며, 영웅 행세를 하던 '논리적 사고'는 무대 밖으로 나갔습니다. 그리고 언제부터 거기 있었는지 모를 '직관적 사고'가 무대 중앙에서 모습을 드러냅니다. 모습을 드러낸 '직관적 사고'는 해결방법을 춤으로 표현합니다. 무심결에 '직관적 사고'가 알려주는 방법을 보던 아르키메데스는 문제를 어떻게 해결해야 할지 깨닫게 됩니다. 그 순간 "유레카"라 소리 지르며 밖으로 뛰어나가는 거죠.

[그림 7-3] 아르키메데스의 "유레카"

"증명은 논리에 의해, 발견은 직관에 의해 이루어진다."

- 푸앵카레, 데이비드 마이어스, 〈직관의 두 얼굴(2008년)〉, 103쪽 -

조연(논리적 사고)은 '발견'을 할 수 없습니다. 다만 직관이 발견한 걸 증명하는 역할을 합니다. 그러나 스스로 '영웅'이라고 여기기 때문에, 항상 무대를 차지하고 있으려고 합니다. 따라서 (강제라도) 조연(논리적 사고)이 무대에서 내려오게 해야 주연(직관적 사고)이 나타나서 문제해결을 진전시킬 수 있게 됩니다.

따라서 주연(직관적 사고)과 조연(논리적 사고)을 적절하게 무대에 올릴 수 있는 사람이라면, 탁월한 문제해결 능력을 지닌 사람이 될 겁니다. 그런 사람은 업적도 많이 남길 수 있겠죠.

푸앵카레는 1854년에 태어나서 1912년 55세에 타계한 프랑스의 수학자입니다. 오래 살았던 사람은 아니지만, 푸앵카레가 남긴 업적은 어마어마했습니다. 푸앵카레는 수학 관련 논문 500편과 수리물리학과 이론 천문학에 관한 저서 30권 이상을 남겼으니까요. 푸앵카레는 광학, 전기학, 전신, 모세관 현상, 탄성, 열역학, 전위이론, 양자이론, 상대성이론, 우주 진화론 같은 다양한 분야에 기여했습니다.[06]

감을 잡았겠지만, 푸앵카레가 바로 주연과 조연을 적절히 기용

---

06 고드프레이 해럴드 하디, 〈어느 수학자의 변명〉, 195~196쪽

할 수 있는 감독이었습니다. 심지어 푸앵카레는 하루 네 시간만 일을 했다고 하는데요.[07] 얼마나 문제해결 능력이 뛰어났었는지 가늠할 수 있는 대목입니다.

푸앵카레는 어떻게 그렇게 할 수 있었을까요?

[그림 7-4] 앙리 푸앵카레

푸앵카레의 도구

푸앵카레는 노트와 산책을 '생각의 도구'로 사용했습니다. 푸앵카레가 문제를 해결할 때는 먼저, 노트를 펼쳐, 그날 풀어야 할 문제를 정리합니다. 여기에는 문제뿐 아니라 알려진 사실도 함께 정리하죠. 그다음 풀어야 할 문제를 머릿속에 담고 산책하러 나가는 겁니다. 이때 논리적 사고는 노트와 함께 연구실에 두고 직관적 사고가 하는 말에 귀 기울이러 나가는 거죠. 산책하는 도중 직관적 사고가 해답을 알려주면 돌아와서 해답을 노트에 정리하고 문제가 모두 해소될 때까지 다시 산책하러 나가는 방식으로 문제를 해결했습니다.[08]

---

07 《소프트 스킬(2015년)》, 《탁월함에 이르는 노트의 비밀(2008년)》 참고
08 《어느 수학자의 변명》, 《실용주의 사고와 학습(2015년)》 참고

이 과정에서 푸앵카레가 사용했을 노트를 보면, 독특한 점을 알 수 있습니다. 노트의 한쪽은 알아보기 어려운 낙서 같은 그림과 글씨가 휘갈겨져 있고, 다른 쪽은 깔끔하게 정리되어 있다고 하네요. 그건 아마 직관적 사고의 소통방식에 원인이 있을 것 같습니다. 논리적 사고는 언어로 소통하지만 직관적 사고는 공간적이고 감각적인 방식으로 결과를 나타냅니다. 따라서 직관적 사고의 결과를 언어로 풀어쓰다가 보면, 직관적 사고가 던져주는 결과를 놓치는 상황이 발생하게 되죠. 그러니 먼저 직관적 사고가 내린 결론을 그림이나 빠른 글씨로 알아보기만 할 수 있도록 노트에 휘갈겨 놓은 다음, 그걸 다시 논리적 사고로 정리해 나가는 겁니다.

그럼, 푸앵카레는 어떻게 이렇게 훌륭한 직관적 사고 시스템을 가질 수 있었을까요? 아마 직접적인 원인은 독서였던 것 같습니다. 푸앵카레는 유년시절에 큰 병을 앓은 적이 있다고 하네요. 그래서 한동안은 외출을 삼가고 집에서만 지냈다는군요. 그 기간 동안 할 일은 오로지 독서밖에 없었습니다. 다행히 푸앵카레는 독서에 즐거움을 찾을 수 있었기 때문에, 독서를 많이 하는 사람이 되었다고 합니다. 게다가 푸앵카레는 엄청난 기억력을 가진 사람이었습니다. 책을 읽으면 그 내용뿐 아니라 어느 단어를 몇 페이지에서 사용했는지도 기억할 수 있었다고 하니, 읽는 내용이 모두가 직관적 사고에 사용할 수 있는 재료가 되었을 겁니다.

우리는 지금 '생각하기'에 대해 이야기를 나누는 중입니다. 이 장에는 먼저 '생각의 도구'를 이야기 했는데요. 생각의 도구는 자연스레 직관적 사고 시스템으로 그리고 독서로 이어졌습니다. 다음 장에는 먼저 '책 읽기'에 대해 이야기를 나누겠습니다. 느끼고 있었겠지만, '책 읽기'는 '생각하기'에 아주 근본적인 영향을 미치는 행동이기 때문입니다. '책 읽기'에 대한 언급이 없이 '생각하기'에 대한 이야기를 마무리할 수 없거든요.

코딩의
미래

8장

책 읽기

조선의 기틀

이성계의 아들들은 모두 무인으로 성장했지만, 다섯째 아들 이방원은 책 읽기와 학문을 좋아했습니다. 이성계 집안 최초로 과거에 합격했는데요. 고려 우왕 9년이었던 1382년 진사시進士試에 합격했고, 우왕 10년에는 문과에 병과 7등으로 급제했다고 합니다.[01] 그러니 정몽주 같은 당대 학자와 시조로 화답할 수 있었고, 조선 개국 후 세자로 책봉하자는 말을 들을 정도로, 조선 개국에 큰 공을 세울 수 있었던 겁니다.

〈조선의 왕을 말하다(2010년)〉의 저자인 이덕일은 태종 이방원의 생각을 다음과 같이 옮깁니다.

"권력은 칼로 창출하지만 유지는 독서로 한다고 생각했다. 그래서 태종은 부단히 독서했다."

- 이덕일, 〈조선의 왕을 말하다〉, 35쪽 -

그렇습니다. 이방원은 열심히 책 읽는 사람이었습니다. 그리고 충녕군을 세자로 삼았던 이유도 바로 책이었고요.

"태종은 '충녕은 천성이 총명하고 민첩하며 자못 학문을 좋아하여 몹시 추운 때나 더운 때도 밤새 독서하므로 나는 그가 병이 날까 두려워

---

01 https://ko.wikipedia.org/wiki/조선_태종

야간 독서를 금지했으나 나의 큰 책은 모두 청하여 가져갔다'면서 충녕을 선택했다."

– 이덕일, 〈조선의 왕을 말하다〉, 38쪽 –

'책 읽기'는 조선 건국의 원동력이었습니다. 500년 조선 역사의 기틀이었지요. 또한 책 읽기의 달인이었던 세종대왕, 그가 만든 한글은 심지어 지금 우리에게까지 영향을 미치고 있습니다. 어리석은 백성을 위해 만들었기 때문에, 배우기 쉽고, 쓰기 쉽게 아주 체계적으로 만들어졌는데요. 체계적이기 때문에 요즘 같은 디지털 시대에 컴퓨터 키보드나 스마트폰 자판으로 쓰기에 아주 유용한 문자입니다.

2019년 영화 〈기생충〉이 아카데미 작품상을 받은 후 봉준호 감독은 '자막의 장벽'이라는 표현을 썼습니다. 영어권 시청자들이 자막으로 영화를 보는 것을 꺼려한다는 이야기인데요. 영어 자막으로 영화를 볼 경우 감흥이 떨어지는 모양입니다. 하지만 우리는 '장벽'이랄 만큼 자막을 거부하지 않습니다. 한글 자막은 '읽기 쉽기' 때문에 영화의 느낌을 해치지 않으면서 감상할만하거든요.

보스턴에 있는 '독서와 언어 연구센터' 책임자인 매리언 울프는 그녀의 저서 〈책 읽는 뇌(2009년)〉에서 문자별로 사용하는 뇌 부위가 다르다고 밝히고 있는데요.[02] 아마도 그 때문에, 자막을 언어로

---

02 〈책 읽는 뇌〉, 58쪽

바꾸는 속도에 미묘한 차이가 있을 듯합니다. 그러니 한쪽은 자연스러운 자막 읽기가, 다른 쪽에서는 '장벽'으로 작용하는 것이 아닐까요?

책 읽기의 작동원리

매리언 울프에 의하면, 책 읽기 능력은 '자연발생적인 현상'이 아닙니다.[03] 인간에게는 선천적으로 독서 능력이 없거든요. 그러니 독서할 수 있다는 건, 후천적인 노력에 의해 '뇌 조직을 재편성'했다는 말이 됩니다. 이 대목에 대해 매리언 울프는 "독서를 배운다는 것은 정말이지 기적 같은 이야기다"라고 평가하고 있습니다.[04]

독서할 때, 우리 뇌에서는 어떤 일이 일어날까요? 먼저, 우리 눈앞에 글자가 있음을 우리 눈이 알아채겠죠. 알아챈 결과는 우리 뇌에 언어 회로로 전달되는데요. 이때, 우리 뇌가 가지고 있는 어휘들로 들어온 낱말을 분석할 겁니다. 분석 결과는 관련 내용을 가진 뇌 세포들에게 보내지겠지요.

상당히 복잡한 과정, 다양한 뇌세포들의 연결로 독서 과정이 이뤄지는데요. 앞서 말씀드렸던 것처럼 이런 과정은 후천적으로 '뇌

---

03 《책 읽는 뇌》, 7쪽
04 《책 읽는 뇌》, 160쪽

조직을 재편성'했기 때문에 가능한 겁니다. 그럼 '뇌 조직을 재편성' 하는 시기는 언제가 좋을까요? 매리언 울프는 다섯 살 이후가 적당하다고 합니다. 다섯 살 이전에 글 읽기를 가르치는 건, '생물학적으로 경솔한 짓'이라는군요.[05] 다섯 살이 되어야 '뇌 조직을 재편성'할 준비가 되는데, 다섯 살 이전에 억지로 글 읽기를 가르치면, 글 읽기는 너무 힘든 일이라는 기억과 거부하는 감정이 남겠죠.

그리고 사실, 책 읽기에서 중요한 건 눈이 글자를 알아채는 것이 아닙니다. 언어 회로가 들어온 단어를 분석하는 것이 더 중요하죠. 언어 회로를 채우는 데 필요한 어휘력은 다섯 살 이전에도 키울 수 있습니다. 〈책 읽는 뇌〉에 나온 실험은 세 살 아이들을 대상으로 2년간 일주일에 5회 이상 동화를 읽어주는 것이었는데요. 실험에 참여한 아이들은 다른 아이들보다 어휘력이 좋았다고 하네요.[06] 그러니, 현명한 부모라면 다섯 살 이전에는 글자를 가르치기보다 동화를 읽어줘야겠죠. 다섯 살이 넘어서 글자를 배우고 본격적으로 독서를 할 수 있게 되면, 어휘의 차이가 독서 능력의 차이로 나타납니다. 어휘가 충분히 확보된 아이는 그렇지 못한 아이보다 더 잘 읽게 되죠. 잘 읽은 만큼 더 많이 받아들이고, 지적으로 더 많이 성장할 겁니다.

---

05 〈책 읽는 뇌〉, 138쪽
06 〈책 읽는 뇌〉, 128~129쪽

인간의 어휘력, 그리고 이를 뒷받침하는 지식은 계속해서 성장해 나갑니다. 한 사람의 개인을 놓고 봐도 어린 시절, 청소년기 그리고 장년이 되어 다른 어휘와 지식을 가질 텐데요. 만약 책의 내용이 깊고 보편적이기 때문에, 다양한 연령에 읽을 수 있다면, 책을 읽을 때마다 점점 더 깊이 이해하고 받아들이게 될 겁니다. 그러면 세대 간의 공감대가 형성되고 많은 사람이 읽게 되겠죠. 그래서 세월이 많이 지나가도 변함없이 읽히게 되는 책들이 있는데요. 우리는 이런 책들을 '고전'이라고 부릅니다.

〈고전 읽기 독서법(2020년)〉의 저자 임성훈은 고전을 읽을 때 다양한 색깔 펜을 사용해서 표시하고, 깊이 와 닿는 글은 좋은 만년필로 필사해 두라고 권유합니다. 이 분의 권유는 꽤 설득력이 있는데요. 정성을 들여 읽는 만큼, 책을 오래 기억할 수 있기 때문이죠. 특히, 정성으로 필사해 둔 명언들은 두고두고 보게 되는데요. 볼 때마다 다른 시각으로 명언을 보고, 깊이 되새기게 될 겁니다.

존 메디나는 〈브레인 룰스(2017년)〉에서 우리 뇌의 '경험 의존적 회로'에 대해 이야기합니다. 선천적으로 용도가 정해져 있는 뇌세포가 있는 반면 그렇지 않은 녀석들도 있는데요. 이런 뇌세포들을 '경험 의존적 회로'라고 한다는군요. 선천적 용도가 있는 뇌세포들은 자기 책임을 위해 발전해 나가지만 '경험 의존적 회로'는 후천적인 경험이 누적되면서, 누적된 경험에 반응하게 되는 뇌세포입니다. 그래서 많이 경험한 무언가에 반응하게 되는 거죠. 존 메디나가 언급한 '경험 의존적 회로'에 대한 실험은 흥미롭습니다. 일반인의 사진과 '제니퍼 애니스톤'의 사진을 섞어서 보여주었는데요. 피험자의 '경험 의존적 회로'는 '제니퍼 애니스톤'의 사진에 반응했다고 합니다. 아마 피험자는 미국에서 인기리에 방영된 '프렌즈'라는 드라마를 자주 보았던 사람이었을 겁니다. 경험적으로 '제니퍼 애니스톤'을 자주 보다 보니, '경험 의존적 회로'가 '제니퍼 애니스톤'의 사진에 반응했겠죠.

그럼, '경험 의존적 회로'가 고전에 반응하게 하면 어떨까요? 〈고전 읽기 독서법〉에서의 권유대로 다양한 방법으로 고전을 익히고, 필사해 둔다면, '경험 의존적 회로'가 고전에 반응하겠죠. 이렇게 만들어진 '고전을 품은 뇌 회로'는 우리가 독서를 하거나 여타 다른 입력을 받을 때 함께 반응할 겁니다. 고전이 우리의 일부분이 된 거죠.

> "고전들은 삶의 본질과 이념에 관한 것들로, 그것이 전공 분야의 근거를 만들어 주었다고 말하는 것을 자주 듣는다."
>
> - 김형석, 〈백년의 독서(2021년)〉, 259쪽 -

김형석 교수의 지인들은 고전이 '자기 전공 분야의 근거'가 되었다고 이야기하곤 한답니다. 고전이 삶의 이정표로써, 역할을 한 거죠. 어떤 책이 머릿속에 각인되어 삶의 전반에 영향을 미친다는 건, 정말 멋있는 일인 것 같습니다. 그런데요. 고전이 삶의 이정표가 된다는 건, 다른 방향에서 보면 좀 더 흥미로운 일이 됩니다. 고전이 삶의 이정표가 되고 있는 누군가를 이해하려면, 그 사람에게 영향을 미치고 있는 고전을 이해하면 되겠죠. 영향을 미치고 있는 책으로 사람을 이해하는 게 어느 정도 가능하다는 생각인데요. 이 방향으로 이야기를 좀 더 진행해 볼까요? 상대방이 근래 읽고 있는 책이 어떤 책인지 알 수 있다면 아마 요즘 가장 많이 하게 되는 생각이 무엇인지 짐작해볼 힌트가 될 겁니다. 그리고 어떤 사람에게 가장 기억에 남는 책을 알 수 있다면, 어떤 부류의 책이 생각을 바꿀 만큼 감명을 주었는지 알 수 있다면, 그 사람이 미래에 무얼 준비하고 있는지도 예측할 수 있겠죠.

  책 읽기는 새벽에 내리는 눈 같습니다. 날이 세기까지 눈이 내리는지 안 내리는지 알 길이 없지만, 해가 뜨고 아침이 되면, 온 세상이 바뀌어 있거든요. 마찬가지입니다. 한 권 두 권 읽어가는 책이 결국은 우리 뇌를 개조하고 우리 미래를 설계합니다. 그러니 어떤 책을 읽고 기억하느냐는 그 사람의 미래를 보는 표지석이라 할 수 있죠.

책 읽기와 미래

앞에서 언급한 〈백년의 독서〉는 김형석 교수의 자서전격인 책입니다. 본인의 인생과 책을 연결하고 있죠. 중학생 김형석이 다니던 학교는 기독교학교로 신사참배를 거부했다고 하는데요. 그 결과 폐교 위기에 놓였다는군요. 그 때문에 김형석은 1년 동안 학교를 쉬게 되었고, 도서관에 칩거하면서 책을 읽게 되었다고 합니다. 중학생 김형석이 읽은 대부분의 책은 철학책이었습니다. 그러다 보니 철학에 관심이 생겼고, 철학을 전공하게 되었다는군요. 책이 전공을 결정해 준 셈입니다.

소프트뱅크의 손정의 회장은 26세에 시한부 판정을 받았습니다. 3년 가까이 병상에 있었는데요. 그 시기에 4천여 권이나 되는 책을 읽었다는군요. 이때 소프트뱅크 특유의 경영전략을 개발했고 그 전략으로 현재까지 소프트뱅크를 키울 수 있었습니다. 책이 사업의 멘토가 되어준 셈이네요.

몇 년 전 〈지대넓얕〉이라는 팟캐스트로 유명세를 떨쳤던 '채사장'도 대학시절 매일 책을 한 권씩 읽었다고 합니다. 그래서 다양한 분야에 대한 식견을 갖게 되었고, 팟캐스트 흥행과 더불어서 책도 여러 권 쓸 수 있는 지적 자산을 마련할 수 있었습니다.

월스트리트에서 주식 트레이더로 사업을 하던 나심 니콜라스 탈레브는 〈블랙 스완(2018년)〉을 출판하면서 전 세계에서 가장 유명한 사상가로 진로를 바꾸었는데요. 어느 날 갑자기 세계적인 사상가로 발돋움할 수 있었던 배경 역시 독서였습니다. 나심 니콜라스 탈레브 역시 어린 시절 독서일기를 쓰며, 일주일에 30~60시간씩 책을 읽었다고 하네요.

이외에도 우리가 이름만 들으면 알만 한 사람 중 상당수는 책이 미래를 열어주었습니다. 그건 책 읽는 행위가 뇌를 '셀프'로 업그레이드하는 방법이기 때문입니다. 책을 읽으면 깊은 생각을 할 수 있는 뇌 근육을 단련하게 됩니다.

6장에서 언급했던, 니콜라스 카는 〈생각하지 않는 사람들〉에서 띄어쓰기가 있는 문장으로 구성된 책 읽기는 우리 뇌구조를 '생각'하는 구조로 바꾸기 때문에 구텐베르크 이후 유럽 문명이 빠르게 발전했다고 주장합니다. 구텐베르크 덕에 읽을 책이 많아졌으니 '깊은 생각'을 하는 사람이 많아졌던 거죠. 깊은 생각이 많아지니, 그 사회의 미래를 여는 사회적 역량이 확보되었던 겁니다. 그렇습니다. 독서는 개인의 미래를 보는 표지석일 뿐 아니라 그 사회의 미래를 보는 표지석도 될 수 있겠군요.

책 읽기 방해 요소

하지만 근래 들어 상당히 중요한 문제가 발생했습니다. 책 읽기가 위협받는 상황이 되었거든요. 최근 몇십 년 동안 발전된 IT 기술은 책을 안 읽어도 될 만큼 아주 쉽게 지식을 획득할 수 있게 해 주었습니다.

예전에 정보를 찾았던 방식은 도서관에서 책을 찾는 것이었습니다. 책을 읽다가 궁금한 내용이 있으면, 그 내용에 대한 '참고도서'가 있는지 확인하고 그 책을 구해보는 수고를 해야 했죠. 혹시 어떤 책을 찾아야 하는지 모르는 경우에는 관련 책이 있는 도서관에서 서가를 서성이며 책을 하나씩 꺼내보곤 했습니다.

하지만 인터넷은 이걸 IT 기술로 해결했습니다. 참고도서를 찾는 수고는 하이퍼텍스트 기술로 해결했는데요.[07] 하이퍼텍스트는 단어(또는 문장)에 인터넷 문서를 연결하는 기술입니다. '링크'되어 있다고 하죠. 이렇게 되면 참고서적을 찾으러 도서관에 갈 필요가 없습니다. 링크로 연결된 문서를 선택(클릭)해서 따라가며 보면 되니까요. 만약 어떤 문서를 봐야 할지 모를 때는 우리가 서가를 서성이는 것처럼 검색엔진에 키워드(핵심 단어)를 넣어서 검색합니다. 검색엔진은 단어에 맞는 인터넷 문서를 모아서 보여주죠. 서가의 책을 훑어보듯 우리는 인터넷 문서를 하나씩 훑어보며 원하는 정보를 얻게 됩니다.

---

07 인터넷 문서를 구성하는 표준은 HTML, 즉 Hyper Text Markup Language입니다.

대단히 편리하고 쉽게 바뀌었지만 여기에 문제가 있습니다. 예전에는 하루가 꼬박 걸렸을 일이, 인터넷에서는 1분이면 해결할 수 있는 일이 되었으니까요. 이런 속도에 익숙해지면, 우린 그 속도를 유지하고 싶어집니다. 다시 말해서, 인터넷 문서를 차근차근 읽기보다는 지그재그로 빠르게 눈을 움직여, 원하는 정보가 있는 지리적인 위치를 찾아, 그 정보만을 쓰고 끝내는 거죠. 그러면 빠르게 정보를 찾아가는 행동에 우리의 뇌가 적응하기 시작하는데요. 글자가 복잡하게 나열되어 있는 내용을 천천히 보기보다는 빠르게 눈을 움직여서 정보의 위치를 찾는 쪽으로 뇌 구조가 바뀌어가는 겁니다. 우리의 뇌는 '가소성'이라는 특징이 있기 때문에 지속적인 행동에 적응하게 되거든요.

그러면 책을 읽을 때도 빠르게 목표를 찾아서 눈을 움직이려 들 겁니다. 하지만 독서는 천천히 맥락을 파악하면서 읽어나가야 합니다. 저자가 말하는 내용을 우리 뇌세포들이 가진 정보와 맞부딪혀 봐야 필요한 정보를 찾을 수 있거든요. 그러니, 인터넷 문서와 스마트 기기에 익숙하게 된 사람은 독서라는 행위가 껄끄러워지게 됩니다.

게다가, 독서할 시간도 없습니다. 김형석 교수의 표현에 의하면 지금 우리 아이들은 '학교 공부의 부담으로 독서가 빈곤해지는 현실'에 놓여 있습니다. 학생들이 교재나 교과서로 공부를 하며, 거기만 얽매이다 보니, 독서할 시간이 줄어드는 거죠. 물론, 교재는 알아야 할 무언가를 정리해주는 책이기 때문에 중요할 수도 있습니다. 그러나 교재에만 얽매이면 교재가 요약해준 내용만을 기억하는 것이, 지식을 쌓는 행동이라고 착각하게 됩니다. 교재에 나온 수학 공식이나 물리학 공식은 외우지만 그게 어떻게 만들어졌는지 왜 필요한지 어떻게 응용할 수 있는지 등은 관심 없게 되는 거죠.

리처드 파인만은 1965년에 노벨상을 받은 유쾌한 물리학자였습니다. 파인만은 학생식당 공중에서 빙글빙글 도는 식판을 보고 노벨상을 받게 되는 아이디어를 떠올렸다고 하는데요. 누군가의 실수로 공중에 던져진 식판이 노벨상 수상자에게는 물리법칙의 향연으로 보였던 거죠. 파인만의 자서전 제목은 〈파인만 씨 농담도 잘하시네(2000년)〉입니다. 장난꾸러기 같은

[그림 8-1] 리처드 파인만

파인만의 삶을 재미있게 엮은 책인데요. 몇 가지 진지한 비판도 포함하고 있습니다. 그중 하나가 '카고 컬트 과학'인데요. 공식만 외우는 물리학 교육을 비판한 것이었습니다.

카고 컬트는 남태평양 원주민들의 기우제 의식을 의미합니다. 다만 원주민들이 기대하는 것은 '비'가 아니라 '수송기'였는데요. 2

8장. 책 읽기 **139**

차 세계대전 당시 남태평양은 주요 군사작전 지역이었기 때문에 수송기의 중간 착륙장이 있는 섬들이 있었습니다. 군수물자를 수송하는 수송기가 하늘에서 내려오면, 원주민들에게도 혜택이 돌아갔겠죠. 그 후 2차 세계대전이 끝나고 더 이상 수송기가 하늘에서 내려오는 일은 없게 되었습니다. 하지만 원주민들은 수송기를 기다렸습니다. 예전에 받았던 선물이 그리웠겠죠. 결국 수송기가 오도록 기우제를 지내게 된 겁니다. 활주로를 꾸미고, 활주로 양쪽에 불을 지폈습니다. 사람이 앉을 오두막을 만들어 관제소를 꾸미고 나뭇조각으로 헤드폰을 만들어서 썼고요. 물론 수송기는 오지 않았습니다.

공식만을 외워 쓰는 지식은 '카고 컬트'입니다. 이런 지식은 확장이 어렵습니다. 교재의 요약 페이지에 머물러 있죠. 카고 컬트 지식이 되지 않으려면, 교재에 멈추지 말고 독서를 해야 합니다.

한편, 첨단기기의 방해도 만만치 않습니다. 세계적인 베스트셀러 소설가인 스티븐 킹은 〈유혹하는 글쓰기(2017년)〉에서 브라운관이 독서 시간을 빼앗는다고 했습니다.

리처드 왓슨은 컴퓨터 사용에 대한 연구결과를 인용했는데요. 독일 뮌헨 대학이 15년간 31개국의 학생평가를 분석한 결과, 가정 내 '컴퓨터 사용'이 아이들의 수학, 독서 실력에 강력한 악영향을 끼친다는 것이었습니다. 또한 2000년대 초반에는 1만 5천 명을 대상으로 독서 실력과 수학 점수를 확인했는데요. 집에 컴퓨터가 있는 아이들의 성적이 훨씬 나빴다고 하네요.[08]

첨단기기의 문제에 대해서는 우리가 익히 아는 것도 있습니다. 바로 스마트폰 사용 문제인데요. 알게 모르게, 우리는 스마트폰 화면에 잡혀서, 꽤 많은 시간을 소비하고 있습니다. 가족이 모여서 밥을 먹으면서도 각자 스마트폰 화면을 보고요. 오랜만에 친구들을 만나서도 각자 스마트폰을 봅니다. 한참 달달할 것 같은 연인끼리도 서로 앉아서 스마트폰 화면을 보고 있죠. 가끔 스마트폰 화면을 보다가 자동차 사고를 당하는 사람도 있고, 지하철에는 스마트폰을 보다가 서로 부딪히게 된다는 경고 문구가 있습니다.

니콜라스 카는 〈유리 감옥(2014년)〉에서 첨단기기의 문제점에 대해 경고했는데요. 단순히 너무 많이 봐서 문제가 되는 게 아니라, 우리의 생각을 스마트폰에 내 맡기고 있어서 '퇴화 효과 Degeneration Effect', 즉 뇌가 쪼그라드는 상황에 처할 거라고 합니다. 우리 뇌는 아주 경제적이기 때문에, 쓰지 않는 쪽의 자원은 빼앗아서 다른 쪽으로 보내거든요.

휴대폰을 사용하지 않았던 시절에는 대부분의 사람들이 전화번호 몇 개씩은 외우고 다녔습니다. 내비게이션을 사용하지 않을

---

08 〈퓨처 마인드〉, 69쪽 각색

때는 운전자들이 꽤 많은 길을 외우고 다녔고요. 하지만 스마트기기가 등장하면서, 그런 기억을 하지 않게 되었습니다. 언제 그랬나 싶을 정도로 전화번호 외우기가 힘들어졌고요. 잘 가는 길도 내비게이션을 틀어 두지 않으면 불안감이 생기게 되었죠.

첨단기기를 의지하고 첨단기기의 화면 안에 갇혀 살면서, 우리는 그 밖에 있는 독서는 잊어버리게 된 겁니다. 그래서 적극적으로 책을 읽으려는 노력을 하지 않는다면, 책을 읽기 어려운 시대가 되었습니다.[09] 하지만 책을 읽지 않으면, '사고를 아웃소싱'하는 존재가 됩니다.[10] 겉은 멀쩡하지만 생각은 없는 사람이 되는 거죠.

책 읽기 노하우

그러니 책을 읽어야 합니다. 어떻게 하면 책을 읽을 수 있을까요?

첫째, 책을 들고 다녀야 합니다

앞서 언급한 소설가 스티븐 킹은 "책을 들고 다니면서 읽는다"라고 했습니다. 스티브 킹 같은 경우엔 다작으로 유명한 소설가인데요. 60편의 장편과 200편의 단편을 발표했습니다. 그 중에 100여

---

[09] 2019년 우리나라 통계에서는 독서인구가 50.6%입니다.
[10] 《퓨처 마인드》, 49쪽

편의 영화가 나왔는데요. 〈쇼생크 탈출〉, 〈미저리〉 같은 영화도 스티븐 킹의 소설이 원작입니다.[11] 스티븐 킹이 많은 작품을 쓸 수 있었다는 건, 스티븐 킹의 머릿속에 다작을 할 만한 아이디어가 있었다는 거죠. 〈에디톨로지〉에서 김정운 소장이 인용했던 것처럼, "해 아래 새것은 없습니다." 머릿속에 아이디어가 많다는 건, 그만큼 많이 입력됐다는 말이죠. 다시 말해, 60편의 장편 소설과 200편의 단편 소설을 엮을 만큼 독서를 했다는 말이 됩니다.

그리고 그 많은 독서량을 채울 수 있었던 노하우가 "책을 들고 다니며 읽기"였다는 겁니다. 어떻게 가능했을까요? 그건 아마 자투리 시간의 비밀에 있을 겁니다. 우리는 자투리로 시간을 많이 낭비하고 살아가거든요. 그런데 책을 손에 들고 있으면 자투리 시간을 모두 모아서 독서에 투자할 수 있게 됩니다.

줄을 서서 버스나 지하철을 기다리는 시간, 지하철을 타고 출퇴근을 하거나 등교를 하는 시간, 게다가 누구를 만나야 해서 기다리는 시간까지 모두 끌어 모아서 만약 하루에 두 시간을 만들 수 있다면, (사실 출퇴근 거리가 보통 한 시간 거리 정도 된다고 하면 출퇴근 시간 자투리만 잘 모아도 두 시간입니다.) 일주일에 10시간은 모을 수 있습니다. 한 페이지를 읽는 데 3분 정도 걸린다고 봤을 때, 일주일에 200

---

11 https://namu.wiki/w/스티븐%20킹

페이지는 읽을 수 있고, 2주가 되기 전에 한 권씩은 읽을 수 있으니, 1년이면 30권은 읽을 수 있는 시간이 됩니다.

둘째, 습관을 들여야 합니다

어떤 시간, 어떤 장소에 가면, 책을 읽는다는 습관을 들이는 거죠. 예를 들어서, 잠자리에 들어 자기 전에 잠이 올 때까지 30분간 책을 읽는다든가, 출퇴근 지하철에서는 항상 읽는다든가, 출근을 한 시간 먼저 해서, 한 시간 동안 책을 읽는 등 지속적으로 할 수 있는 책 읽기 습관을 만드는 겁니다. 독서 습관을 만들면, 시간을 아끼고 지속적으로 읽게 되니 책을 읽는 분량이 많아지게 됩니다. 제 경험을 예로 들어 보겠습니다. 저는 지하철에서 책을 읽는 습관이 있는데요. 지하철에 타서 자리를 잡은 다음, 책을 펼치지 않으면 무척 부자연스러운 느낌을 받습니다. 그러니 지하철을 타면 지체 없이 책을 펼치겠죠. 하지만 책 읽는 습관이 없다면, 상황은 달라질 겁니다.

책을 꺼내기 시작할 때부터 좌우 눈치를 살피고 쭈뼛쭈뼛 대다가 책을 펼친 다음에도 내 손에 책이 들려있는 것을 주변에 아무도 의식하지 않는다는 걸, 눈으로 확인하고 천천히 책을 읽기 시작하겠죠. 게다가 혹시라도 핑곗거리가 있어서 책을 안 읽어도 된다면, 바로 책을 접어서 가방 깊숙이 찔러 넣게 될 겁니다. 하지만 습관적으로 책을 펼쳐서 읽는다면, 이런 군더더기가 사라지니 시간을 확실히 많이 확보하게 되는 겁니다. 마음이 준비되어 있으니 책을 펼치자마자 집중할 수 있게 되고요.

마치, '책 읽기 습관'이라 불리는 컨베이어벨트에 내가 선택한 책이 하나씩 올라가는 것 같습니다.

셋째, 책 읽기 동료를 찾아야 합니다

물론, 동료가 없이도 책 읽기를 할 수 있습니다. 개인적인 경험으로, 저는 십 년 이상 출퇴근 시간에 책을 읽었는데요. 혼자서 하는 것도 불가능한 건 아닙니다. 하지만 마라톤에 페이스메이커가 필요하듯 책 읽기를 지속적으로 유지하려면, 같은 마음을 가진 사람들과 교류가 필요합니다.

서로 독서 분야, 독서 방법 등을 공유하거나 조언해줄 수 있겠죠. 연인 사이라면 독서 일기를 공유해서 써볼 수도 있을 거고요. 열심히 책 읽는 모습은 서로에게 도전이 됩니다.

또한, 여러 사람과 독서 토론을 하는 건 한 층 더 깊은 깨달음을 제공해 줄 수 있습니다. 우리 모두는 각자 자기만의 독특한 경험이 있습니다. 경험이 다른 만큼 생각도 다를 수밖에 없고요. 따라서 책의 저자와 독자인 우리는 다른 생각을 가지고 있을 수밖에 없습니다. 책을 읽는 동안 우리는 저자의 생각 속을 여행하게 되는데요. 비슷한 듯 다른 저자의 생각을 따라가면서, 우리의 뇌세포는 다양한 자극을 받아 성장하게 됩니다. 그런데 독서 토론에 참여하면, 저자의 생각을 여행하는 데 동행이 생기는 겁니다. 나와 저자가 아닌 또 다른 사람의 견해를 듣는 거죠. 그러면 더 많은 자극을 받으며 더 많이 성장할 수 있습니다.

넷째, 지역 도서관을 적극적으로 활용해야 합니다

저는 정기적으로 도서관에 갑니다. 우리나라는 도서관 시스템이 잘 되어 있어서, 책을 늦게 반납하지만 않으면, 주기적으로 책을 빌려 읽을 수 있습니다. 정기적으로 책을 반납해야 하면, 조금 더 힘을 내서 책을 읽게 되는데요. 스스로 목표의식을 던져주는 셈이지요. 제 경험에는 이런 목표의식이 독서 습관을 만들 때 도움을 주었습니다. 반납일에 맞추려고 열심히 읽었거든요.

도서관에 가면, 책을 만지고 느낄 수 있기 때문에, 책을 읽겠다는 마음을 불러일으키기도 좋고, 호기심도 자극되고요. 분야별로 정리되어 있고 신간을 알려주는 서가도 따로 있기 때문에 다음에 어떤 책을 읽어야 할지 선정하는 데 도움이 됩니다. 특히 새로운 프로그래밍 언어를 공부하거나 새로운 개념을 이해해야 할 때, 관련 책을 한꺼번에 모아서 훑어볼 수 있어서 좋습니다. 어떤 책부터 시작해야 할지 감을 잡을 수 있거든요. 그래서 저는 "이제부터 책 읽는 사람이 되겠다"라고 말하는 이들에게 "먼저 지역 도서관에 가서 회원카드를 만들라"라고 조언하곤 합니다.

같은 맥락에서 출퇴근길에 서점을 들러보는 것도 추천합니다. 일주일이면 한두 번 정도 서점에 들러서, 책을 훑다보면, 다음 책을 고를 때, 어떤 책을 읽어야 할지 감이 오거든요.

다섯째, 개인적인 독서 노하우를 개발해야 합니다

책 읽기에 대해 이야기하는 책을 보면 정말 다양한 책 읽기 노하우가 존재하는 걸 알 수 있습니다. 예를 들어, "읽을 책은 꼭 사라." "책을 무자비하게 대하라." "책에 마음껏 메모하라." 같은 것부터, "오역에 대한 의심을 해야 한다"라거나, "인상 깊게 본 책일수록 가까운 거리에 놓고 보라"는 것도 있습니다. 때로는 비슷한 책을 여러 권 사서 한꺼번에 펼쳐 놓고 보라고 조언하는 분도 있고요. 장소마다 책을 펼쳐두고 거기 갔을 때는 그 책을 읽으라고 조언하는 분도 있습니다. 예를 들어 화장실에는 자기 계발서, 서재에는 전공서적, 침대에는 소설 …. 뭐 이런 식인 거죠. 앞서서 소개한 〈고전 읽기 독서법〉에서는 책에 마커로 선을 긋고, 칸을 그려서 표시하고 때로는 따로 필사해 놓으라고도 했죠. 그러고 보니 나심 니콜라스 탈레브가 썼다는 독서 일기도 독서 노하우일 수 있겠군요.

저의 책 읽기 노하우는 '플래그'와 '블로그'를 쓰는 독서법입니

[그림 8-2] 플래그 독서법

다. 플래그는 포스트잇 메모지처럼 붙였다 떼었다 할 수 있는 표시지인데요. 폭이 1센티미터가 안 되기 때문에 책을 읽으면서 중요한 부분에 표시하기 좋습니다.

먼저, 출퇴근 시간에 책을 읽으면서 플래그를 붙입니다. 그러면 인디언 모자에 깃털 달리듯 플래그가 책에 달리는데요. 여가시간에 책을 펴고 플래그 표시를 찾아 블로그에 타이핑해 둡니다. 플래그를 붙이며 한번 읽고, 블로그에 정리하면서 한 번 더 읽는 거죠. 그렇게 책을 다 읽은 다음에는 블로그에 서평을 씁니다. 책 내용보다는 주로 책을 읽은 개인적인 감상을 써 놓죠. 그 후 시간이 지나고, 읽은 책이 여러 권 모이면 글을 한번 써봅니다. 글의 재료는 일상에 있었던 일이나, 사회적 이슈에 대한 건데요. 얼마간 읽었던 책의 내용을 일상, 사회적 이슈와 연결해보는 거죠. 이렇게 하면 책의 주요 내용을 네 번째 접하게 됩니다.

특히 블로그에 이 내용들이 고스란히 남기 때문에 나중에 써먹기 좋습니다. 책의 느낌은 잊혀지지 않으니 생각나는 키워드로 검색하면 되거든요. 읽은 지 10년이 넘은 책도 한두 달 전에 읽은 책처럼 써먹을 수 있습니다.

여섯째, 꾸준히 읽을 책을 찾아야 합니다

어떤 책을 읽어야 할지 선정하는 기준은 '계속 읽을 수 있는 책'입니다. 앞서 이야기했지만, 우리는 독서를 안 하는 쪽이 익숙한 환경에서 살아왔습니다. 그러니 먼저, 책 읽기 싫어하는 본인을 잘 다스릴 필요가 있습니다. 그래서 꾸준히 책을 읽는 습관이 생길 때까지는 계속 읽을 수 있는 책을 읽어야 합니다. 베스트셀러가 되었든 신간이 되었든 간에, 매일매일 읽을 수 있는 책을 찾아서 읽어야 합니다. 사람마다 선호하는 바가 다르기 때문에 어떤 책이 맞는지 택하는 건 본인의 몫이죠. 그렇게 해서 꾸준히 읽는 습관이 생기면, 그때부터 책을 고를 진짜 선정기준이 필요한데요.

저는 '참고서적'을 추천하고 싶습니다. 물론, 문학작품이나 소설류는 참고서적이 없지만, 그 외에 책들은 대부분 저자가 그 책을 쓰게 된 아이디어(재료)를 제공해준 책이 있기 마련입니다.

먼저 정해진 책을 읽으면서 저자의 이야기에 귀 기울여 보고, 그 책의 참고서적을 구해 읽으면서 저자의 멘토가 되어보는 겁니다. 저자가 참고서적을 인용한 부분이 타당한지 또는 저자가 이야기를 이끌어가기 위해서 좀 곡해한 점이 있는지 지적해보기도 하고, 본인이라면 어떻게 이야기를 풀어갔을지도 상상해보는 거죠. 앞서 이야기했지만, 누군가가 영향을 받은 책을 읽는다는 건, 그 사람을 이해하는 방법이기 때문에 참고서적을 읽고 이해한다는 건, 저자의 책을 더 깊이 이해하는 것이 됩니다.

　책을 꾸준히 읽다 보면, 많이 읽는 분야가 생기는데요. 분야가 비슷한 책들은 '참고서적'이 겹치는 경우가 많습니다. 그건, 그 '참고서적'이 꽤 중요한 책이라는 말이 되죠. 그 책을 읽으면 그 분야 전반을 이해하는 데 많은 도움을 받게 될 겁니다.

　예를 들어볼까요? 저는 처음 책을 읽기 시작했을 때, '소프트웨어 개발 방법'에 대한 책을 많이 읽었습니다. 알아듣지는 못하겠지만, 그냥 읽으면 재미있다는 느낌이 들더군요. 그런데 여러 책에서 등장하는 용어가 있었습니다. '브룩스의 법칙'이라는 건데요. 프레더릭 브룩스가 〈맨먼스 미신(2015년)〉에서 한 이야기가 법칙처럼 받아들여졌던 겁니다. 그래서 〈맨먼스 미신〉을 읽어야겠다고 마음먹게 되었지요. 문제는 도서관에도 인터넷 서점에도 〈맨먼스 미신〉이 없다는 것이었습니다. 아마존 인터넷 서점에는 영문판으로 있어서 시킬까 말까를 여러 번 고민했죠. 그렇게 몇 달을 보내고 있었는데, 어느 날 지하철 안에서 우연히 그 책을 읽고 있는 사람을 목격했습니다. 드디어 번역판이 나온 것이었습니다. 게다가 아마존에서 파는 〈맨먼스 미신〉과 같은 모양의 표지로요. 한달음에 서점으로 달려가서 그 책을 구입했습니다.

　한편, '저자'를 따라가며 책을 읽어보는 것도 괜찮습니다. 사람마다 성향이 있기 때문에, 생각의 방식이나 논리 전개 같은 것이 나

와 맞는 저자들이 있거든요.[12] 또는, 자주 참고되는 책의 저자를 따라가 보는 것도 괜찮습니다.[13]

게다가 특정 분야에서 오랜 시간 책을 쓰는 저자의 책을 읽으면 그 분야의 변화도 엿볼 수 있습니다. 예를 들어 마이크로소프트 윈도우즈 프로그래밍 분야에 '찰스 페졸드'라는 유명한 저자가 있습니다. 찰스 페졸드는 1985년부터 윈도우즈 프로그래밍에 대한 책을 썼는데요. 윈도우즈가 발전하면서 그의 책도 개정판이 나오곤 했습니다. 1990년대 중반이 넘어서서부터는 MFC[14]가 각광받기 시작했지만, 찰스 페졸드는 윈도우즈 운영체제가 제공하는 기능을 그대로 사용해서 윈도우즈용 프로그램을 만드는 책을 집필하는 걸 고수했습니다. 그러던 그가 2000년대 초반부터 C#이라는 프로그래밍 언어를 사용해서, .NET이라는 새로운 윈도우즈 라이브러리로 윈도우즈 프로그래밍을 하는 책과 〈CODE(2015년)〉라는 책을 내기 시작했습니다. 〈CODE〉는 마이크로소프트와는 다소 거리가 있는 책이었죠. 그리고 가장 최근 (2015년쯤) 책이 윈도우즈 스마트폰에 대한 책이었던 것 같습니다. 찰스 페졸드의 저술 역사가 마이크

---

12 제 경우엔 말콤 글래드웰이나 나심 니콜라스 탈레브, 다니엘 핑크, 대니얼 골먼, 톰 드마르코, 그리고 소프트웨어 개발 쪽에서 로버트 C 마틴. 우리나라에서는 김창준의 책을 저자 이름만 확인하고 읽은 경험이 있습니다.

13 앞서 언급했지만, 프레드릭 브룩스나 대니얼 커너먼의 책이 그랬네요.

14 Microsoft Foundation Class Library, C++ 프로그래밍 언어로 윈도우즈 프로그래밍을 하기 좋도록 공용 모듈을 다수 구축해 놓은 라이브러리입니다.

로소프트 윈도우즈 운영체제의 역사와 비슷하게 흘러갔죠.

일곱째, 책 목록을 만들어야 합니다

책 읽기가 익숙해지고, 읽어야겠다고 마음먹는 책이 많아지면, 책 목록을 만들게 될 겁니다. 요즘은 스마트폰이나 웹앱에 목록 관리 앱이 많으니 그중 하나를 선택하세요. 제 경우에는 트랠로[15]라는 앱을 꽤 오래 사용했는데요. 리스트를 나눠서 관리할 수 있어서 좋았습니다.

처음에는 '읽을 책', '읽은 책' 정도로 리스트를 나누고 시작하면 됩니다. 책 목록에 책이 많아지면 관리를 해줘야 하는데요. '읽을 책'은 '꼭 읽어야 할 책'이라든지, '전공에 필요한 책', '자기 계발서' 이런 식으로 나누게 될 겁니다. 제 경우에는 플래그와 블로그로 책을 읽기 때문에, '플래그로 읽고 있는 책', '블로그에 정리하고 있는 책', '리뷰 쓸 책' 같이 목록을 나누기도 했습니다.

책 목록을 관리하면 끊기지 않고 책을 읽을 수 있습니다. 다음에 읽어야 할 책이 무엇인지 명확해지거든요. 그리고 관심 분야에 따라 책을 모아서 읽어나갈 수 있고요. 책을 어떻게 읽어 나가야 할지 전체적인 그림을 그릴 수도 있습니다.

---

15 https://trello.com

게다가, 읽을 책을 구하는 데도 도움이 됩니다. 읽어야 할 책이 정리되어 있지 않으면, 막상 책을 사러 서점에 들렀거나, 책을 대여하기 위해 도서관에 갔거나 할 때, 계획성이 없이 책을 가져오게 되거든요. 그리고 가끔 인터넷 서점에도 팔지 않고, 도서관에도 없는 책을 읽고 싶을 때도 있는데요. 이런 책도 목록으로 남겨두면 나중에 개정판이 나올 때 기억했다가 구해 볼 수 있습니다(제가 〈맨먼스 미신〉을 읽었던 것처럼요).

몇 가지 책 읽기 노하우에 대해 이야기했습니다. 책 읽기 노하우가 필요한 이유는 책 읽기는 지속적으로 해야 하기 때문입니다. 여러 번 강조하지만 지속적으로 책 읽기를 하지 않으면 생각의 근육이 자라나지 않습니다.

코딩과 독서

코딩과 관련된 독서 이야기를 조금하고 넘어가겠습니다.

제프 앳우드의 이야기를 인용하고 싶은데요. 제프 앳우드는 스택오버플로의 공동창업자 중 한 사람입니다. 앞서 언급했지만, '스택오버플로'는 전 세계 소프트웨어 개발자들이 많은 도움을 받는 커뮤니티입니다. 프로그래밍에 대해 모르는 것이 있으면 질문하고 답변하는 공간이거든요. 제프 앳우드는 자기 블로그 글을 모아서

〈코딩 호러가 들려주는 진짜 소프트웨어 개발 이야기(2013년)〉라는 책을 썼는데요. 이 책에 "프로그래머는 책을 읽지 않지만 당신은 읽어야 한다"라는 제목의 단락이 있습니다.[16]

[그림 8-3] 조엘 스폴스키(왼쪽)와 제프 앳우드(오른쪽)

제프 앳우드와 '스택오버플로'를 공동 창업한 조엘 스폴스키는 책을 읽지 않는 기조가 소프트웨어 개발자들에게서도 나타난다는 데 공감하고 있는 것 같습니다. 결국은 소프트웨어 개발자들이 책을 보지 않고, 인터넷 검색을 하며 프로그래밍을 하게 될 거라고 낙담하고 있는데요. 조엘 스폴스키와 제프 앳우드 두 사람 모두, 책을 쓰는 저자이기도 하기 때문에 일종의 자기비판적인 시각으로

---

16 코딩호러 블로그 본문도 찾아보았습니다. https://blog.codinghorror.com/programmers-dont-read-books-but-you-should/

소프트웨어 개발 관련 책을 쓰는 출판업계와 책을 읽지 않는 소프트웨어 개발자를 비판하고 있습니다.

'대부분의 프로그래밍 서적은 엉망'이라는 말로 시작하는데요. 프로그래밍 책이 형편없고, 무겁기만 하며, 초보자용으로 며칠 만에 또는 24시간 만에 프로그래밍을 할 수 있다고 선전하는 책이 난무한다고 출판업계를 비꼬고 있습니다. 게다가 책을 읽지 않는 소프트웨어 개발자들은 읽지도 않는 책을 사서 자기 책상 책꽂이에 진열하면서, 책을 가지고 있는 것만으로 훌륭한 프로그래머가 될 거라고 자부한다고 비판하는군요.

이러한 비판은 사실 우리나라 출판업계도 피해 가지 못할 문제인 것 같긴 합니다. 하지만 제프 앳우드는 우리가 살고 있는 환경이 책 읽기를 멀리하는 환경이라는 부분을 간과했습니다. 특히 적어도 하루 8시간은 컴퓨터 모니터를 보고 있는 소프트웨어 개발자들이 책을 가까이하기에는 더더욱 힘들겠죠.

그럼에도 소프트웨어 개발자에게 독서가 필요한 건, 자명한 사실입니다.

첫째, 소프트웨어 분야의 변화는 빠르고 극적입니다. 조금만 눈을 돌리면 저만치 뒤처져 있죠.

둘째, 코딩은 결국 문제해결 방법을 생각해내고 표현하는 작업입니다. 생각의 근육이 필요한 일이라는 건데요. 생각의 근육은 '책 읽기' 외에는 키울 수 있는 방법이 없습니다.

셋째, 소프트웨어 분야에서 다루는 건, 대부분 눈에 보이지 않는 개념입니다. 다시 말해 '장님 코끼리 만지기'를 해야 한다는 거죠. 장님이 코끼리를 만지면, 코끼리를 이해못한다고 말하곤 하는데요. 아닙니다. 할 수 있습니다. 다만, 코끼리 전체를 만져보면 됩니다. 마찬가지로 소프트웨어 분야에서 현실과 동떨어진 개념을 이해하려면 그 개념에 관련된 책을 구할 수 있는 데로 모두 보면 됩니다.

넷째, 되도록 많은 책을 읽어야 변화의 기조를 알아채고 좀 더 일찍 준비할 수 있습니다.

이 이야기들은 다음 장에서 좀 더 확대해서 다루겠습니다.

독서와 생각

벤자민 플랭클린은 "독서는 정신적으로 충실한 사람을 만든다. 사색은 사려 깊은 사람을 만든다. 그리고 논술은 확실한 사람을 만든다"라고 했답니다. 독서는 자기 뇌를 스스로 개조하는 작업입니다. 단시간이 아니라 장기적으로 마치 '새벽에 눈 내리듯' 뇌를 바꾸어 나가는 작업입니다.

독서로 인해 변화를 경험한 사람들은 자기 미래를 결정하기도 했고, 회사의 미래를 만들기도 했습니다. 많은 사람이 한꺼번에 독서를 하게 된 시기에는 문명의 발전이 이뤄지기도 했고요. 비록, 현실은 독서를 하지 못하게 하는 환경이지만, 우리가 스스로의 미래를 걱정한다면, 이런 장애물은 넘어서야 합니다.

'생각'에서 가장 중요한 요소인 '책 읽기'에 대해 이야기했습니다. 이제 다음 장에서는 '생각'에 대한 이야기를 마무리짓겠습니다.

코딩의
미래

9장

생각과 코딩

레인맨

〈레인맨〉은 1989년 국내에서 개봉한 톰 크루즈, 더스틴 호프만 주연의 미국 영화입니다. 껄렁껄렁한 찰리(톰 크루즈)가 아버지 유산의 절반을 받기 위해, 먼 곳에 살고 있는 형 레이몬드(더스틴 호프만)를 찾아가 돌보기 시작하면서 겪게 되는 이야기인데요. 영화에서 레이몬드는 서번트 증후군이라 불리는 자폐성 장애를 가진 사람으로 묘사됩니다. 서번트 증후군은 정상 생활이 조금 힘들 정도로 지능이 떨어지지만 한두 가지 두뇌 능력이 아주 뛰어난 사람들입니다.

[그림 9-1] 영화 〈레인맨〉 포스터

영화에서도 레이몬드를 독특한 사람으로 묘사하는데요. 매일 저녁 '와프너 판사'가 나오는 TV 프로그램을 봐야 했고요. 정확한 시간에 먹고, 자야 했습니다. 하지만 뛰어난 기억력이 있었습니다. 어수선한 레이몬드에게 찰리는 전화번호부를 3분의 1쯤 찢어서 주는데요. 그걸 외워 버립니다. 우연히 바닥에 떨어진 이쑤시개 246개를 몇 초만에 전부 세고요. 카지노에서는 카드 순서를 전부 외우기도 하죠.

그러나 레이몬드도 역시 의사소통 능력이 부족한 편입니다. 레이몬드가 먼 시설에 보내지게 된 이유가 바로 거기에 있었는데요.

어린 찰리를 위험에서 구했지만, 오히려 위험에 빠뜨릴 뻔했다고 오해를 받았기 때문입니다.

〈레인맨〉에 그려진 형제애에 감동을 받으며 많은 생각을 하게 되었는데요. 마음 한편엔 엉뚱하게도 '정말 레이몬드 같은 사람이 존재할까?'라는 의문이 떠나지 않았습니다. 그런데요. 몇 년 전 〈EBS 다큐프라임 기억력의 비밀(2011년)〉을 읽다가 레이몬드는 실존 인물을 소재로 만들어낸 캐릭터임을 알게 되었습니다. 레이몬드의 실제 인물은 '킴 픽'이라는 사람인데요. 킴 픽은 글을 읽고 외우는 부분에 능력이 엄청났다고 합니다. 영화에서처럼 전화번호부를 외우는 속도가 어마어마했는데요. 40페이지 분량은 20초면 외웠다는군요. 게다가 책 읽는 속도는 보통 사람의 4배 정도 되었는데요. 읽은 내용의 98% 가량을 기억했다는군요.

서번트 증후군을 설명하는 가장 합리적인 설명은 '좌뇌의 손상과 우뇌의 보상이론'입니다. 좌뇌 쪽에 손상이 있어서 좌뇌가 할 일까지 우뇌가 해야 했고, 이를 보상하기 위해 우뇌의 일부 기능이 엄청나게 성장했다는 가설이라고 하네요.

보상에 의해 이런 능력을 얻을 수 있었다면, 후천적인 노력에 의해서도 특정 뇌 기능을 확장시키는 게 가능하다고 볼 수 있겠죠.

대표적인 예가 기억술입니다. 기억술의 시조로 여겨지는 사람은 고대그리스 시인 '시모니데스'인데요. 하루는 시모니데스가 연회에 참석해서 연회를 즐기던 중 지진이 발생했습니다. 연회장에 꽤 많은 사람이 있었는데, 거기 있던 많은 사람이 다치거나 죽었다는군요. 하지만 시모니데스는 다행히 생존했는데요. 놀라운 건 시모니데스의 기억력입니다. 연회장에 어떤 사람이 왔는지, 어떤 사람이 어느 위치에 있었는지를 시모니데스가 모두 기억하고 있었다고 하네요. 폐허가 된 건물 잔해 속에서 생존자를 찾는 데 많은 도움이 되었겠죠.

'기억력' 향상을 주제로 다룬 책을 보면, 정말 흥미롭습니다. 기억력을 높이기 위한 다양한 방법이 소개되는데요. 기억력 자체를 키우기 위한 방법뿐만 아니라 기억을 잘하는 데 쓸만한 기억 방법 그리고 도구나 메모 기술에 이르기까지 다양하게 다루고 있습니다. 이런 설명이 가능한 건, 기억술이라는 분야가 체계적인 설명이 가능하기 때문이겠고요. 후천적 노력으로 기억력을 키울 수 있기 때문이겠죠.

키운다는 측면에서, 뇌세포는 일반적인 근육과 특징이 비슷하다고 볼 수 있는데요. 제가 읽었던 몇몇 책에서 이를 직접적으로 언급하고 있습니다. 〈EBS 다큐프라임 기억력의 비밀〉의 저자들은 "근육 운동을 하면 알통이 생기는 것처럼 뇌도 자극을 주다보면 알통 비슷한 것이 생기게 된다"라고 적었고요. 〈브레인 룰스〉의 저자 존 메디나도 "두뇌는 근육처럼 작동한다", "많이 움직일수록 커지고 복잡해진다"라고 했습니다. 〈기적을 부르는 뇌(2008년)〉의 노먼 도이지도 "뇌가 훈련을 통해 성장하는 근육 같다는 생각은 단지 은유가 아니다"라고 쓰고 있군요.

생각하는 힘을 키워내는 것 역시 비슷한 선상에서 볼 수 있습니다. 그렇기 때문에 8장에서 우리는 독서가 생각근육을 키워낸다고 이야기했죠. 책을 읽어서, 저자의 생각을 좇아가다 보면 우리도 깊이 생각하게 될 테니 이는 우리의 생각근육을 지속적으로 자극하게 될 것이고, 지속적인 운동으로 근육을 키우듯 생각근육도 성장해 나갈 겁니다. 게다가 독서를 하는 동안 그런 생각의 근거가 하나씩 우리 뇌세포에 연결되어 쌓이게 될 텐데요. 이런 재료들은 우리의 '직관적 사고'가 혁신적인 문제해결 방법을 찾아낼 때 사용할 재료가 될 겁니다.

직관적 사고

그럼, 이제 다시, 푸앵카레로 시선을 옮겨 보겠습니다. '비어있는 푸앵카레의 연구실' 풍경을 상상해보죠. 아무도 없는 방안, 창가 앞에 푸앵카레의 책상이 덩그러니 놓여 있습니다. 주인은 보이지 않고요. 벌떡 일어나서 자리를 박차고 나간 듯, 의자가 뒤로 밀려 있네요. 책상 위에는 노트가 올려져 있는데, 노트 한쪽에 아주 깔끔

한 글씨체로 또박또박 글이 쓰여 있습니다. 푸앵카레의 연구과제인 것 같은데 …. 솔직히 우린 봐도 모르는 이야기들뿐입니다. 무슨 말인가 싶어 한참을 내려다보고 있는데, 갑자기 쿵쿵쿵 발걸음 소리가 들리더니 문이 벌컥 열리고 푸앵카레가 들어옵니다. 서있는 채로, 비어있는 노트 한쪽에 무언가 알 수 없는 그림을 휘갈겨 놓고, 몇몇 단어를 군데군데 써 놓더니, 가만히 서있습니다. 잠시 후 자기가 그린 그림 몇 군데에 다른 그림을 좀 더 보태더니, 멍하니 노트를 바라보며 생각에 잠깁니다. 그러고는 의자를 끌어다가 자리에 앉습니다. 천천히 펜에 잉크를 찍어서, 문제의 해답을 또박또박 쓰기 시작합니다.

[그림 9-2] 상상해본 푸앵카레의 연구실 풍경

푸앵카레는 생각 근육이 아주 뛰어난 사람이었을 겁니다. 아마 어린 시절 독서에 푹 빠져 살았던 시간에 생각근육이 성장했겠죠. 게다가 푸앵카레는 자기의 생각근육이 어떻게 작동하는지도 잘 알았던 것 같습니다. 푸앵카레는 동료 수학자들의 사고방식에 대한 메모를 남겨두기도 했는데요. "리먼은 기하학을 이용했다. … 코발레프 스카야는 논리적으로 생각하는 사람이었다"라고 했습니다.[01] 생각의 방식에는 '기하학적인 사고방식'과 '논리적 사고방식'이 있다고 보았던 거죠. 이건 우리가 7장에서 이야기 나누었던 '직관적 사고'와 '논리적 사고'의 연장선상에서 볼 수 있습니다. 특히 "증명은 논리에 의해, 발견은 직관에 의해 이루어진다"라고 말했던 것으로 미루어볼 때, 푸앵카레는 직관적 사고와 기하학적 사고의 연관성을 알았을 것 같습니다. 직관적 사고는 무의식을 찾아다닙니다. 무의식 속에 다양한 생각을 조사하고 그중에 가장 합당한 해결책을 들고 나옵니다. 그리고는 그 해결책을 기하학적 모양으로 설명하는 겁니다.

〈탁월함에 이르는 노트의 비밀〉의 저자 이재영 교수는 푸앵카레를 '무의식을 정확하게 기록한 수학자'라고 했습니다. 그 방법은 '노트'였죠. 무의식을 기록한 방법은 아마도 방금 전 우리가 상상해봤던 방법이었을 겁니다.

---

01 〈생각의 탄생〉 중에서

> "어느 날 저녁 나는 평소와 다르게 블랙커피를 마셨는데 그 바람에 쉽게 잠들지 못하고 있었다. 머릿속에 여러 가지 생각들이 떠올랐다. 나는 두 가지 생각이 서로 결합해서 일종의 안정적인 조합을 만들 때까지 그 많은 생각들이 서로 충돌하는 것을 느꼈다."
>
> – 푸앵카레(리처드 왓슨, 〈퓨처 마인드〉, 119쪽에서 인용) –

자신의 머릿속에서 다양한 생각이 떠오르고, 결합하고, 안정적 조합으로 바뀌어가는 걸, 느낄 정도로 '생각'에 대해 예민했던 푸앵카레는 그 가운데 '직관적 사고'가 어떻게 일하고 있는지도 볼 수 있었을 겁니다. 그리고 종합적인 결론은 항상 '기하학적 표현'으로 튀어나오는 것도 느꼈겠죠. 기하학적 심상을 글로 옮기는 작업을 해봤을 수도 있습니다. 하지만 기하학적 심상을 바로 글로 옮기려는 순간, 희미하게 사라져 갑니다. 그러면 기하학적 심상을 일단 옮겨 적을 방법이 필요했겠고, 노드 한쪽을 그런 용도로 사용했을 겁니다. 그래서 먼저 '직관적 사고'가 알려준 걸, 그림을 그려서 그대로 옮겨 놓고, 그 그림으로 '직관적 사고'가 알려준 결론을 되짚어 보며 글로 옮겨 적었던 거죠.

그리고 '직관적 사고'가 주연으로 뛰어나와서 공연하게 하려면 어떻게 해야 하는지도 연구했을 것 같습니다. 다양한 시도 끝에 '산책'이라는 방법을 찾아냈겠죠.

결국, 푸앵카레가 완성한 푸앵카레의 노하우는 다음과 같습니다. 먼저 풀어야할 문제를 또박또박 써서, '논리적 사고'를 통해 '직관적 사고'에게 풀어야 할 문제가 무언지 이야기해줍니다. 그다음 산책을 하며 '직관적 사고'가 최대한 활동할 수 있도록 해줍니다. 그렇게 되면 '직관적 사고'가 기하학적 결론을 돌출해 낼 겁니다. 그러면 '직관적 사고'가 내리는 결론을 노트에 그려놓고, '논리적 사고'가 글을 써가며 해석하게 합니다.

푸앵카레의 방식이 우리에게도 유용할지는 모르겠습니다. 다양한 괴리가 있고 근본적으로 푸앵카레는 비상한 두뇌의 소유자였으니까요. 하지만 '직관적 사고'와 '논리적 사고'의 작동 방식은 우리가 기억해야 할 대목이 아닌가 싶습니다.

생각의 근육, '직관적 사고', 그리고 '기하학적 심상', 노트에 이르기까지 이야기를 나누었습니다. 그럼 이제 다시, 코딩에 대한 이야기를 꺼내보겠습니다. 6장에서 우리는 코딩을 두 가지 단계로 나누어서 이야기했습니다. 문제해결 방법을 '생각해내는 단계'와 그것을 '표현하는 단계'였죠. 문제해결 방법에 대해서는 몇 가지 꼭지를 언급했는데요. 절차적 사고, 객체지향적 사고, 결정론적 사고 그리고 통계적 사고 같은 것이었습니다. 이제 그 이야기를 좀 더 깊이 해보겠습니다.

C 언어와 직관적 사고

우리는 6장에서 '절차적 사고'에 대해 이야기를 나눈 바 있습니다. 하지만 '절차'보다는 논리 전개 쪽에 무게를 두었는데요. 코딩에서 '사고 과정' 부분을 떼어내어서 먼저 이야기 나누고 싶었기 때문입니다. 이제 우리는 '코딩과 생각'을 나누었고, 생각을 '논리적 사고'와 '직관적 사고'로 나누어 이야기했습니다.

저는 계속해서 '직관적 사고'를 화두로 이야기를 진행하고 싶은데요. 그렇게 하려면, '절차적 사고'에 대해 마저 이야기해야 합니다. 그래야 '절차적 사고'와 '논리적 사고'의 연결점 그리고 '직관적 사고'까지 이야기를 진행할 수 있기 때문입니다.

그럼, '절차적 사고'는 무엇일까요? 간단히 말하자면, 절차를 나누어가며, 각 절차를 논리적 전개로 채워가는 '생각' 방법입니다. 논리가 순차적으로 들어가는 부분은 이미 이야기를 나눴으니, 절차가 나누어져 가는 걸 이야기해야 하는데요. 이걸 단박에 설명하는 용어가 '하향식 설계'입니다. '하향식 설계'를 쉽게 이해하려면, 한 가지 심상을 그려보면 됩니다. 사람이 위쪽에 있고, 컴퓨터가 아래쪽에 있는 심상인데요. 먼저 사람 쪽에 가까운 '절차'를 조금씩 쪼개가면서, '컴퓨터'와 가까운 '절차'로 만들어 가는 과정을 '하향식 설계'라고 이해하면 됩니다.

C 언어에서는 '절차'를 중괄호({, })로 표현합니다. 중괄호로 묶

은 부분을 떼어내어 이름을 붙이면 '함수'라고 하고요. 그냥 놔두면, '블록'이라고 합니다. 블록의 경우에는 일반적으로 '조건문'이나 '반복문'과 함께 사용하게 되는데요. 조건문은 "만약 ~라면 다음 블록을 실행한다." 반복문은 "~동안 다음 블록을 반복한다"는 의미로 사용하게 됩니다.

2002년에 작고한 네덜란드 컴퓨터 과학자 에츠허르 데이크스트라가 1968년에 발표한 논문에서 이러한 블록 구조만으로도 대부분의 문제를 해결할 수 있다고 주장했는데요. 이는 '구조적 프로그래밍'이라는 개념의 초석이 되었습니다.[02]

구조적 프로그래밍에 대한 적절한 이해가 있는 개발자라면, 구조적으로 절차를 나눠갈 수 있을 겁니다. 그러면 헷갈리는 부분 없이 코드를 작성해 나갈 수 있고요.[03] C 언어의 문법이 절차 나누는 걸 쉽게 해 주기 때문에, 무리 없이 긴 코드를 코딩해 나가기 좋습니다. 여기에 해결해야 하는 문제를 이미 어느 정도 알고 있고, 각 절차에 들어갈 명령들도 알고 있다면, 상당히 빠르게 코딩해 나갈 수 있겠죠.

예를 들어볼까요? 6장에서 사용했던 '라면 끓이기'를, 절차를 나누어가면서 작성한다고 해보죠.

---

02 https://ko.wikipedia.org/wiki/에츠허르_데이크스트라
03 구조적 프로그래밍은 스파게티 면발처럼 꼬여버린 코드가 되지 않게 하는 가이드 역할을 합니다.

먼저, '라면 끓이기'라는 이름의 함수를 만들어야 합니다. 'void 라면_끓이기( )'라고 타이핑하고 중괄호를 열었습니다({). '라면 끓이기'라는 절차 안에 들어왔습니다. 순차적인 논리로 따져보니 라면을 끓이는 건, 크게 세 단계로 나눌 수 있을 것 같습니다. '물 끓이기'와 '라면 넣기' 그 다음엔 '5분 기다리기'가 필요합니다. 이렇게 세 가지 함수를 호출하면, '라면 끓이기'는 끝납니다. 중괄호를 닫겠습니다(}).

그럼 나눠진 절차 중 '물 끓이기'를 함수로 만들어볼까요? '라면_끓이기( )' 함수를 선언했던 것과 비슷하게 'void 물_끓이기( )'라는 이름으로 함수를 선언하고 중괄호를 열어서 '물 끓이기' 절차 내부에 순차 논리를 해석해봅니다. '냄비에 물 담기', '가스레인지에 냄비 올리고 불 켜기'가 있겠군요. 중괄호를 닫아 '물_끓이기' 함수를 종료한 다음엔, '냄비에 물 담기'도 함수로 만들 수 있겠군요. 이렇게 절차를 나눌 때마다 함수로 만들어 나가면, '하향식 설계'가 코드 위에서 이뤄지게 되고, 다음과 같이 대충 작동하는 코드를 만들 수 있게 됩니다.[04]

---

04 C 언어 문법을 약간 차용했습니다. void는 아무것도 돌려주지 않는 프로시저 함수를 뜻하며, 중괄호는 블록을 뜻합니다. 각 줄에 세미콜론은 그 줄 명령이 끝났음을 의미하죠.

```
01 void 라면_끓이기() {
02      물_끓이기();
03      라면_넣기();
04      5분_기다리기();
05 }
06 void 물_끓이기() {
07      냄비에_물_담기();
08      가스레인지에_냄비_올리고_불_켜기();
09 }
10 void 냄비에_물_담기() {
11      냄비를_수도꼭지_밑에_가져가기();
12      물_틀기();
13      500밀리리터까지_기다리기();
14 }
15 ...
```

몇 분이 채 걸리지 않아서 코드가 주르륵 나올 겁니다. 이게 가능한 건, '논리적 사고' 덕분입니다. 우리가 가진 '논리적 사고'는 원하는 문제가 해결될 때까지 문제를 나눠가면서 나눠진 각 문제를 해결하는 방식을 선호합니다. 우리가 지금까지 말한 '절차적 사고'와 매우 흡사하죠. 게다가, C 문법으로 이를 메모해 나갈 수 있으니, 논리적 사고가 움직이기에는 아주 좋은 상황입니다.

하지만 이런 코딩 방식에는 한계가 존재합니다. 먼저, 충분히 알아야 이런 코딩이 가능하다는 점입니다. 앞에서, '라면 끓이기'는 어떻게 해야 하는지 우리가 아는 경우라서 쉽게 코드를 작성해 갈 수 있었는데요. 우리에게 좀 낯선 레시피를 써야 하는 경우라면 어떻게 될까요? 예를 들어 '식혜 만들기' 같은 경우도 라면 끓이기와 비슷하게 코드를 작성할 수 있을까요? 그렇지는 않을 겁니다. 물론 무모하게 도전해서 라면 끓이기처럼 코딩할 수도 있긴 한데요. 그러면 그만큼 시간을 들여서 보정해나가야 할 겁니다.

그리고 만약, '할머니 칠순 잔치상 차리기' 같은 걸 해야 한다면 어떨까요? 이제 '라면 끓이기' 같이 코딩하는 건 불가능합니다. 엄두도 나지 않죠. 결국, 어떻게 작업해 나가야 할지, 지식을 찾아 모으고, 코드 구조를 그려보기도 하면서, 작업 방법을 생각해 내서 코딩을 시작할 수밖에 없을 겁니다.

저도 C 언어로 작업할 때, 꽤 많이 그림을 그렸던 기억이 있습니다. 코드의 구조를 설명하기 위해서 파워포인트로 열심히 그림을 그리기도 했고요. 가끔 여러 사람이 토론을 하게 되면, 화이트보드에 그림을 그리면서 토론하거나 이면지를 가운데 두고 그림을 그려보기도 합니다. C 언어로 코딩하더라도, 어떻게 작업해야 할지 모를 때는 결국 기하학적인 그림을 그려볼 수밖에 없거든요.

기하학적 그림뿐일까요? 아닙니다.

몇 년 전에 급한 프로젝트가 있어서, 제가 속한 팀의 팀원 전부가 출장을 가는 일이 있었습니다. 한 달 넘게 있어야 했기 때문에 현지 사무실을 임대해 놓고 일을 했는데요. 프로젝트가 급박하기 때문에, 퇴근도 늦게 하는 일이 잦았습니다. 하루 저녁엔 너무 피곤하고 힘들어서, 바람이나 쐴 심정으로 사무실 밖 복도에 나왔습니다. 복도에는 당시 팀장님이 이미 서성이고 있었는데요. 저와 눈이 마주친 팀장님은 저에게 오더니 졸린 표정의 저를 보며 말하셨습니다. "음~, 나는 어떻게 작업해야 할지 잘 떠오르지 않을 때, 이렇게 걸어. 걷다 보면 떠오르거든."

기시감(데자뷰)이 느껴지지 않나요? 맞습니다. 우리는 앞에서 푸앵카레가 산책하며 '직관적 사고'를 불러 냈다고 이야기했습니다. 그리고 "증명은 논리에 의해, 발견은 직관에 의해 이루어진다"고 말했다고도 했고요. 절차적 사고는 이미 알고 있는 정보에 대한 '증명'할 때는 유용하지만 잘 모르는 걸, 발견해 낼 수는 없습니다. 그래서 C 언어로 코딩하려면, '직관적 사고'가 작동할 시간을 따로 줘야 합니다. 코드 구조를 꾸미려고 할 때, 구현해야 하는 프로그램의 정보를 모아서 어떻게 조합해야 할지 고민할 때는 '직관적 사고'가 필요했고, 오랜 시간 C 언어로 코딩을 했던 팀장님은 경험적으로 이를 깨달았던 겁니다.

객체지향 프로그래밍과 직관적 사고

"미래를 예측하는 가장 좋은 방법은 미래를 발명하는 것이다."[05]라는 말을 하기도 했던 앨런 케이는 소프트웨어 분야의 변화를 예측

---

05 The best way to predict the future is to invent it. https://ko.wikipedia.org/wiki/앨런_케이

했습니다.[06] 그래서 그래픽 사용자 인터페이스[07]를 개발했는데요. 당시만 해도 글자로 채워진 화면으로 컴퓨터와 상호작용을 하던 시대였기 때문에, 앨런 케이가 제시한 방향은 파격적이었습니다.

앨런 케이는 '그래픽 사용자 인터페이스'를 개발하기에 좋도록 '스몰토크'라는 프로그래밍 언어도 개발했습니다. '스몰토크'는 주목할 필요가 있는 프로그래밍 언어인데요. 소프트웨어 업계에 다양한 영향을 미쳤기 때문입니다. 그중 대표적인 사례가 '객체지향 프로그래밍'이었습니다. '객체지향 프로그래밍'이라는 개념은 1960년대에 노르웨이에서 만들어졌는데요. 엘렌 케이가 '스몰토크'에 가져다 쓰기까지는 잘 사용하지 않았습니다. 하지만 앨런 케이가 스몰토크에 객체지향 프로그래밍 개념을 가져오고부터 '객체지향 프로그래밍'의 가능성이 소문나기 시작했습니다.

그리고 스티브 잡스도 '스몰토크'와 '객체지향 프로그래밍'에 대한 소문을 듣게 되었죠. 스티브 잡스가 '스몰토크' 기술을 사기 위해 엘렌 케이를 찾아갔는데요. 거기서 '그래픽 사용자 인터페이스'를 보게 됩니다. 스티브 잡스는 '그래픽 사용자 인터페이스'에 매료되어 기술을 사고, 엘렌 케이를 애플로 초빙하죠. 그래서 애플은

---

06 어쩌면 소프트웨어 분야 변화의 방향을 만들었던 것일 수도 있습니다.
07 Graphic User Interface. 컴퓨터 화면을 윈도우, 메뉴, 아이콘 등의 그래픽 요소로 채우고 사용자가 마우스와 키보드로 명령을 내리도록 꾸며져 있습니다.

매킨토시를 개발하기 시작했습니다. 여기서부터는 2장에 언급한 이야기죠. 매킨토시에 들어갈 오피스 프로그램을 하청 받은 빌 게이츠는 애플에 가서 매킨토시를 보게 됩니다. 그리고는 윈도우즈 개발을 착수했습니다.

6장에서는 '객체지향'의 '객체'를 '화면 구성요소(윈도우나 메뉴 아이콘 등)' 같은 개념이라고 했습니다. 비슷하게 맞는 표현이긴 하지만 정확하지는 않았습니다. 그래서 좀 더 정확한 표현으로 정의하고 다음 이야기를 진행하고자 합니다. '객체'란 어떤 데이터를 전용 함수(메서드)가 감싸고 있는 것입니다. 객체는 '책임'을 기준으로 분리해내는데요. 책임은 프로그램 전체가 해야 할 일 또는 목표를 나눈 것입니다.

말로만 표현하니 이해하기 힘들 것 같습니다. 자동차를 상상해보죠. 자동차는 어마어마하게 많은 부품으로 구성되어 있습니다. 각 부품이 바로 '객체'죠. 자동차의 모든 부품은 자기 '책임'을 가지고 있습니다. 일종의 임무인데요. 각 부품은 자동차가 제대로 동작하게 자기 책임을 다합니다.

[그림 9-3] 자동차 보닛을 연 상태의 엔진룸

　자동차로 표현하니 객체지향적 사고가 쉽게 풀이되죠? 그럼 몇 가지 더 해보겠습니다. 객체지향 프로그래밍에서 객체는 메시지를 주고받는 대상입니다. 마찬가지로 자동차 부품들은 서로 통해야 합니다. 자동차 핸들을 돌리면, 핸들이 어느 방향으로 돌아간다는 메시지가 자동차 바퀴에 전달되어야 자동차가 제대로 동작할 수 있습니다.

　객체지향 프로그램에서는 '단일 책임 원칙'이라는 게 있습니다.

"객체는 단 한 가지 변경 이유만 가져야 한다"라고 정의하는 건데요. 이걸 자동차로 옮기면, 부품이 가진 기능은 한 가지이어야 한다고 말할 수 있습니다. 차가 제대로 굴러가지 않으면 바퀴를 고치면 됩니다. 차 유리나 카시트를 고칠 필요가 있으면 안 되죠.

마지막으로 객체지향 설계를 '상향식 설계'라고 이야기합니다. 자동차 부품들이 모여져서 점점 더 큰 부품으로 만들어지고 결국은 자동차가 되는 모습을 상상해보면 됩니다.

객체지향적 사고는 코드를 기하학적인 심상으로 바꾸어 보게 해줍니다. 이런 기하학적 심상을 '직관적 사고'가 보여주는 기하학적 심상과 연결해서 볼 수 있다면, 설계 과정에서 혁신적인 변화를 만들어 낼 수도 있을 겁니다. 앞에서 누차 이야기했듯, '증명은 논리에 의해 발견은 직관에 의해' 이루어지기 때문입니다.

하지만 그게 그리 쉬운 일은 아닙니다. 우리에게는 '자신을 영웅이라 믿는 조연'이 있거든요.

안티패턴의 원인

6장에서 생략했던 이야기가 하나 더 있습니다. 절차적 사고의 개발자들이 객체지향적 사고로 넘어가면서 적응하지 못해 결국 나쁜 코드를 만들어 낸다고 했는데요. 왜 그렇게 보는지 이야기하지 않았습니다.

C 언어로 절차적 프로그래밍을 하다 보면, '논리적 사고', '절차적 프로그래밍', 'C 언어 문법' 이렇게 세 가지가 톱니바퀴처럼 들어맞아 돌아가는 느낌을 받게 됩니다. 그 순간, 일종의 지적 쾌감 같은 걸 느낄 수도 있고요. '진실의 순간'[08]을 마주한 것 같기도 합니다.

하지만 '증명은 논리의 의해, 발견은 직관에 의해' 이루어지기 때문에, '논리적 사고'가 작동하고 있는 그 시간은 '증명'의 시간일 뿐입니다. 이미 아는 문제해결 방법을 옮겨 적는 과정이죠. 그러나 자신을 '영웅'으로 보는 '논리적 사고'는 그렇게 여기지 않습니다.

이런 개발자에게 '객체지향 프로그래밍 언어'로 코딩하라고 하면 아마 '절차적 사고'를 쓸 수 있는 '객체지향 프로그래밍 언어'의 문법을 찾을 겁니다. 그런데 마침 그렇게 오용할 문법이 있습니다. 바로 '상속'이라는 건데요. '상속'은 어떤 클래스의 특징을 다른 클래스에게 복사해 주는 겁니다. 마치 자식이 부모를 닮는 것처럼, 자식 클래스는 부모 클래스의 특징을 가집니다.

그럼 절차적 사고로 상속 문법을 어떻게 쓸까요? 먼저 부모 클래스에 메서드를 붙이면서 기초적인 메서드 몇 개를 나눕니다. 부

---

08 투우사가 소와 결투에서 마지막 검으로 소를 쓰러뜨리는 순간을 말하는 용어입니다.

모 클래스를 상속받은 자식 클래스에는 꼭 부모 클래스에 넣지 않아도 되는 메서드들을 나눠주는 거죠.

이렇게 되면 부모 클래스에 많이 사용하는 메서드가 모여 있고, 상속받은 자식 클래스마다 각자 조금씩 다른 메서드가 포진합니다. 뭔가 잘 짜여진 것 같은 모습으로 보이지만 이렇게 만든 코드는 수정하기 힘듭니다. 부모 클래스의 메서드를 수정하려면 상속받은 자식 클래스를 모두 확인해야 하거든요.

이렇듯, 절차적 사고에 얽매이면, 객체를 보지 않고 클래스만 보게 됩니다. 클래스 안에 절차를 나누어 넣는 것만 신경 쓰게 되죠. 그러니 객체를 기하학적 심상으로 정리하고, '직관적 사고'가 관여하게 해보는 시도는 일어나지도 않을 겁니다.

혹시, 절차적 사고에 익숙하지 않은 상태에서 객체지향적 사고를 배운다면, 객체지향적 사고에 적응하기 쉬울 지도 모릅니다. 그러나 우리의 마지막 희망을 위협하는 존재가 있습니다. 바로 '논리적 사고'입니다. 의식적으로 움직이는 '논리적 사고'는 논리를 쪼개 나가며, 내용을 채우는 방식으로 문제를 해결하는 것을 좋아합니다. 그렇습니다. '절차적 사고'와 매우 흡사한 전개 방식입니다. 따라서 '객체지향적 사고' 같은 걸 익히려면, 프로그래밍 언어를 배우는 것만 가지고는 어렵습니다. 다양한 시도로 객체지향 사고방식에 대해 학습해야 합니다.

결정론적 사고와 직관적 사고

결정론이란 '결정된 어떤 사실의 인과로 결과가 나타나는 것'을 말하는데요. 철학적인 측면까지 있는 광범위한 개념입니다. 하지만 우리는 철학을 이야기할 건 아니기 때문에 '결정론적 사고'라는 용어로 프로그래밍 분야에 한정해서 이야기하겠습니다.

결정론적 사고를 사용하는 건, '함수형 프로그래밍'입니다. 1930년대에 수학 분야에서 만들어진 '람다 계산법'이라는 방식을 1950년대에 프로그래밍 영역으로 가져와서 사용하기 시작한 것을 '함수형 프로그래밍'이라고 하는데요. '함수형 프로그래밍'에서 함수를 선언하는 방식이 '결정론적 사고'에 의한 겁니다. 함수형 프로그래밍의 함수는 수학에서 사용하는 함수와 같은 의미입니다. 절차적 프로그래밍에서는 절차를 나누는 블록을 함수라고 했고, 객체지향 프로그래밍에서는 객체의 데이터를 관리하는 것을 함수(메서드)라고 했으니, 완전히 다른 개념인 셈이죠.

수학에는 '정의역'과 '공역'이라는 용어가 있습니다. 정의역에 속한 값은 함수를 거치면 공역으로 넘어갈 수 있죠. 이때 함수는 결정론적이기 때문에 입력에 따른 결과가 명확합니다. 따라서 함수형 프로그래밍은 정의역이나 공역에 속한 값보다, 중간 영역에 있는 함수를 조합해서 '문제해결' 방법을 찾아냅니다.

이제 푸앵카레의 노트를 다시 떠올려보면 좋겠습니다. 푸앵카레는 산책 후 뛰어 들어와서 직관적 사고가 알려준 기하학적 심상을 노트 한편에 그려 놓고, 이를 해석하는 내용을 노트 다른 쪽에 썼었습니다.

결정론적 사고로 만든 함수는 푸앵카레가 또박또박 써 내려갔던 해설과 같습니다. 직관적 사고로 만들어진 심상을 결정론적 함수로 정의해 나가는 겁니다.

코딩을 위한 사고

지금까지 '직관적 사고' 입장에서 절차적 사고, 객체지향적 사고, 결정론적 사고에 대해 이야기했습니다.

흥미로운 것은 이 세 가지 방식 모두 사용한지 60년이 넘었다는 겁니다. 2~3년이면 많은 기술이 바뀌는 소프트웨어 업계입니다. 그런데 60년간 발전시키면서 사용했다는 건 앞으로도 계속 사용될 거라는 힌트가 됩니다. 따라서 앞으로 계속 코딩을 하고 싶다면, 이들을 이해하고 연습해 볼 필요가 있습니다.

특히 근래에는 '함수형 프로그래밍'이 주목 받고 있습니다. 그 이유는 하드웨어와 소프트웨어의 발전 때문입니다.

소프트웨어가 발전하면, 소프트웨어로 더 많은 일을 하게 됩니다. 소프트웨어를 구성하는 코드가 그만큼 많아지고 복잡해진다는

얘기죠. 복잡한 코드를 사용하려면, 코드를 더 간결하고 단순하게 만들어야 합니다. 함수형 프로그래밍을 사용하면 코드가 간결해집니다.

복잡한 코드를 사용하려면, 오류도 최대한 줄여야 합니다. 오류 대부분은 변수를 사용하기 때문에 생깁니다. 절차적 사고나 객체지향적 사고는 변수를 사용하지만 함수형 프로그래밍은 '함수'의 연결로 코딩하기 때문에 변수가 필요 없습니다. 그러니 오류가 극단적으로 줄어듭니다.

한편 하드웨어의 발전은 '무어의 법칙'이 종료되는 상황을 만들었습니다. '무어의 법칙'은 같은 공간에 들어가는 트랜지스터 개수가 많아지는 것을 의미했습니다. 하지만 트랜지스터 크기를 더 줄일 수 없는 물리적 한계가 있습니다. 그리고 이미 그 한계에 노달했습니다. 하드웨어 분야 전문가들은 다른 방법을 찾아냈는데요. 그건 CPU 코어를 늘려가는 것이었습니다.

일꾼 한 사람이 점점 더 많은 일을 하게 하다가 한계에 다다르자, 일꾼을 늘리게 된 겁니다. 그럼, 코드에도 변화가 필요합니다.

과거에 소프트웨어 발전 상당부분은 '거저먹기'였습니다. 하드웨어가 빨라지기 때문에 소프트웨어를 빠르게 만들 필요가 없었거든요. 하지만 미래 코드는 그런 일이 없어집니다. CPU 속도가 빨라지는 게 아니라 CPU 개수가 늘어나는 방식으로 하드웨어가 발전해 갈 것이기 때문이죠. 소프트웨어를 개선하려면, 코드상에서 '일을 나누는 고민'이 필요합니다. 절차적 프로그래밍이나 객체지향 프로그래밍으로 코드를 작업하면 일을 나누기 어렵습니다. 앞에 말한 변수 때문입니다. 하지만 함수형 프로그래밍은 일을 나누기 쉽습니다. 따라서 함수형 프로그래밍으로 코딩하면, CPU 코어가 늘어갈 때마다 소프트웨어가 개선될 거라는 기대가 가능해집니다.

인공지능 분야의 변화도 주목할 만합니다. '인공지능'이라는 용어 자체가 1950년대 만들어졌는데요. 그동안 '가다서다'를 반복하며 지금에 이르기까지 꾸준히 발전해 왔습니다. 2010년대에 들어서는 하드웨어 기술과 더불어서 엄청난 발전을 이루고 있는데요. 4장에서 이야기를 나눈 것처럼, '학습 과정을 통해 데이터를 알고리즘으로 바꾸는 기술'이라 할 만큼 성장했습니다.

지금까지 인간의 사고로는 만들기 힘들었던, 음성이나 영상 분야의 인식은 탁월한 성과를 나타내고 있고, 데이터를 운영·관리하는 분야에서는 벌써부터 많이 사용하고 있죠.

사람의 말을 알아듣고 문자로 바꾸는 '음성 인식'은 이제 아주 쓸 만한 상황이 되었는데요. 심지어, 영상 통화로 회의를 하는 소프트웨어에도 '자막' 기능이 있을 정도입니다. 실시간으로 사람의 음성을 글자로 바꾸어서 화면에 보여주는 것이죠. 게다가 글자로 된 문장을 읽어서 사람의 말로 바꾸는 '음성 합성'은 완벽한 수준에 이르렀다고 합니다. 합성된 음성을 듣는 사람이 눈치 채지 못할 정도라는군요.

한편, 코드를 자동으로 생성해 주는 연구도 많이 이뤄지고 있습니다. 마이크로소프트의 인공지능 부서에서는 그림을 그리면 코드로 바꾸어주는 프로젝트를 진행하고 있고요.[09] 일론 머스크가 자금을 지원하는 OpenAI라는 회사에서 만든 GPT-2라는 인공지능을 사용해서 코드를 자동으로 생성해주는 프로젝트도 있습니다. 특히 코딩할 때 사용하는 편집기에 다음 코드는 어떻게 짜면 좋을지 제안하는 서비스는 상당히 쓸 만한 상황이죠.[10] 아직은 상당히 제한적이지만 이런 서비스들이 계속 발전할 수 있다면, 코딩이라는 분야는 많은 변화를 겪게 될 겁니다.

그러나 크게 변하지 않는 부분은 있습니다. 바로 문제해결을 위한 '사고'입니다. 절차적 사고, 객체지향적 사고, 결정론적 사고는 계속 사용하게 될 겁니다. 이에 더해 인공지능의 발달로 '통계적 사고'가 추가로 필요하고, 혹시 '마스터 알고리즘'을 발견하게 된다면, 이에 맞는 사고 방식이 덤으로 필요하게 될 겁니다.

---

09 https://www.microsoft.com/en-us/ai/ai-lab-sketch2code
10 대표적으로, https://www.tabnine.com/과 https://copilot.github.com/ 같은 것이 있습니다. 이 위치에 어떤 코드가 들어가면 될 것인가를 제안해주는 것부터, 어떤 코드가 필요하다고 타이핑하면 그 자리에 코드를 넣어 주기도 합니다.

중요한건, 이런 사고 영역은 인공지능 자비스의 영역이 아니라는 겁니다. 토니 스타크 쪽에 가까운 영역이라는 거죠. 프로그래밍 기술이 발전하면서, 인공지능 자비스와 함께 사라지지 않으려면, 우리는 프로그래밍 언어에 집착하기보다, 문제해결을 위한 사고법에 더 고민을 많이 해야 할 겁니다.

다음 장에서는 좀 다른 각도에서 '사고'의 필요성을 이야기하겠습니다.

코딩의
미래

10장

콘텐츠시대

냅킨의 가치

파블로 피카소에 대한 이야기입니다. 노상 카페에 혼자 앉아 있던 피카소는 냅킨에 무언가를 스케치하는 것 같더니, 일어나서 가려고 했습니다. 마침, 옆에 앉았던 여성이 피카소를 알아보고, 낙서한 냅킨을 자기에게 팔라고 했다는데요. 피카소가 엄청난 금액을 요구했습니다. 깜짝 놀란 여성은 "뭐라고요? 그리는 데 몇 분 걸리지도 않았으면서!!"라며 쏘아댔습니다. 피카소는 냅킨을 구겨서 주머니에 넣으면서 "아니오. 수십 년 걸렸어요" 하며 가버렸다고 합니다.[01]

[그림 10-1] 피카소가 그린 알제의 여인들

---

01 이 일화는 소개하는 글마다 내용이 조금씩 다릅니다. 앉아 있었다는 카페도, 요구했다는 돈도, 마지막에 했다는 말도 다릅니다. 그래서 느낌을 살려서 각색했습니다.

2015년 5월 피카소의 〈알제의 여인들〉이라는 작품이 뉴욕 경매장에서 1968억 원에 낙찰되었는데요. 당시 가장 높은 금액의 경매가였다고 하네요. 피카소가 살아 돌아왔다면 "내 말이 맞지?" 할 만한 사건이었습니다. 그림에 매겨진 값만 보면, 피카소의 작품은 확실히 인정받은 것 같습니다.

피카소의 다른 일화를 소개하겠습니다. 피카소가 기차여행 중에 있었던 일입니다. 아마 동행 없이 혼자 여행을 하던 중이었나 봅니다. 옆에 앉아 있던 신사와 이야기를 나누게 되었는데요. 신사는 대화 중에 자기 옆에 앉아 있는 사람이 피카소임을 알았습니다. 이야기가 길어지면서, 신사는 속마음을 드러내기 시작했는데요. 피카소와 현대 미술을 비판하는 내용이었습니다. '실재를 왜곡'했다는 비난이었죠. 피카소는 신사가 말하는 '실재'가 무엇인지 본보기가 있으면 보여 달라고 했습니다. 신사는 기다렸다는 듯 가지고 있던 아내의 사진을 꺼내 보였습니다. 사진을 받아 들고 한참을 살펴보던 피카소가 신사에게 대답합니다. "당신 부인은 끔찍하게 작군요. 게다가 납작하고요."[02]

"피카소는 상상이 사실보다 진실하다고 믿었다."

- 로버트 루즈번스타인, 미셸 루즈번스타인, 〈생각의 탄생〉, 45쪽 -

---

02 〈생각의 탄생〉, 46쪽 각색

피카소는 눈에 보이는 그대로가 실재라고 생각하지 않았습니다. 대신 실재를 표현해내는 자신만의 방법을 찾아냈습니다. 그 때문에, 금세기 최고의 화가로 인정받았죠.

앞서 잠깐 언급했던 〈알제의 여인들〉이란 작품은 사실 '들라크루아'라는 화가의 작품을 해석한 것입니다. 재미있는 건, 피카소의 〈알제의 여인들〉은 15점이나 된다고 하네요. '실재'를 해석해 내기 위해서 15차례나 시도했던 거죠. 다시 말해 피카소는 최선을 다해 '실재'를 해석했던 겁니다. 이는 피카소가 평생 남긴 작품의 수에서 다시 한 번 확인할 수 있는데요. 피카소가 남긴 작품을 모두 합치면 3만 점이나 된다고 하네요(완성작은 1만 3,500점의 그림과 700여 점의 조각품입니다).

장기판, 장기알 그리고 장기꾼

피카소가 자기 일에 이렇게 최선을 다할 수 있었던 원동력은 어디서 오는 것이었을까요? 미래학자 다니엘 핑크는 〈드라이브(2011년)〉에서 '피카소'가 '내재 동기부여'로 이런 일을 할 수 있었다고 분석하고 있습니다.

다니엘 핑크는 〈드라이브〉에서 두 가지 동기 부여 방식에 대해 설명하고 있는데요. 그 첫 번째는 '외적인 동기부여'로서 '당근과 채찍'에 의한 동기 부여 방식입니다. 일을 잘하면 보상하는 거죠. 그 다음으로 '내재 동기부여' 방식입니다. 하는 일 자체에서 보상받는 것입니다. 다시 말해, 하는 일이 재미있어서 몰입하게 되고, 그 속에서 희열을 얻는 거죠.

1978년 한 유치원에서 쉬는 시간까지 그림 그리는 아이들을 대상으로 실험을 했는데요. 아이들에게 그림을 열심히 그리고 있으니 상을 주겠다고 했답니다. 그 후 상을 받은 아이들은 그림에 대한 관심도 줄어들고 그림을 그리는 시간도 점점 줄어들었다고 하네요. '내재 동기부여'에 손상을 입은 거죠.

〈심리학을 만나 행복해졌다(2020년)〉에는 상당히 재미있는 이야기가 나옵니다. 집 앞에서 떠드는 아이들이 절대 그 집 앞에 오지 못하게 한 노인의 이야기인데요. 아이들을 만난 첫 날에는 25센트, 다음 날에는 15센트, 그리고 셋째 날에는 5센트를 주며 '집 앞에서 놀아줘서' 고맙다고 했다는군요. 그 다음 나흘째부터는 나가보지 않았는데요. 그 이후 아이들은 절대로 노인의 집 앞에서 떠들며 놀지 않았습니다.[03]

'내재 동기부여'가 손상을 입었기 때문에 아이들은 그 집 앞에 가기 싫었던 겁니다.

---

03 〈심리학을 만나 행복해졌다〉, 300쪽 각색

90년을 살았던 피카소가 3만 점의 작품을 했다면, 다섯 살쯤부터는 매일 한 개의 작품을 만들어 냈다는 말이 됩니다. 누가 시켜서 한다면 그렇게 열심히 하지 못했겠죠. 분명 피카소는 '내재 동기부여'로 창작활동을 한 것이었습니다.

　하지만 '내재 동기부여'로 자기 일을 열심히 해도 누구나 피카소처럼 인정받고 추앙받는 것은 아닙니다. 내재 동기부여가 있고 충분한 능력이 있었지만, 다른 결론에 도달한 사람도 있거든요. 그는 바로 '고흐'입니다.

　미술품 판매점 점원으로 사회생활을 시작한 고흐는 하숙집 딸을 짝사랑했습니다. 하지만 그녀는 고흐에게 눈길을 주지 않았죠. 결국 깊은 충격을 받았고 기독교 전도자로서 삶을 살게 되었는데요. 그 역시 지역 교계와 마찰을 빚으면서 그만두게 됩니다. 그 후 고흐는 1881년부터 1890년까지 단 10년 동안 화가의 삶을 살았습니다. 그 기간 동안 왕성한 작품 활동을 했는데요. 유화 873점, 수채화 125점, 서신 스케치 131점을 남깁니다. 사흘에 한번 꼴로 완성 작품을 뿜어냈던 셈인데요. 불행히도 미술계의 인정은 받지 못했습니다. 그리고 37세에 생을 마감하기에 이릅니다.

　피카소와 고흐의 차이점이 무엇일까요? 아마 살았던 시대적 차이가 아닌가 싶습니다. 피카소는 자신의 작품을 인정해 주는 시대를 타고 났고, 고흐는 그러지 못했습니다. 이는 '장기판'의 차이라고 말할 수도 있을 것 같습니다. 피카소는 장기판을 가까이 붙잡고 장기를 둘 수 있었던 장기꾼이었고, 고흐는 장기는 잘 두는데 장기판이 없었다고 말할 수 있겠군요.

그럼, 피카소는 시대적 '운'만으로 아무런 노력 없이 장기판을 가까이 두고 살았을까요? 그렇지는 않은 것 같습니다. 피카소도 장기판을 놓치지 않기 위해 부단히 노력했던 것 같습니다.

〈승자의 뇌(2013년)〉에서는 피카소의 아들 '파울로'에 대해 이야기합니다. 파울로는 변변한 직업도 가지지 못했고, 결국 아버지 집에 출근해서 허드렛일을 도우며 용돈을 받아 살았습니다. 심지어 아버지 사후 2년 만에 약물중독으로 죽었죠.

〈승자의 뇌〉 저자는 파울로의 인생이 힘들었던 이유를 피카소에게서 찾고 있는데요. 피카소가 '사다리'를 숨겼기 때문이라고 했습니다. 피카소는 모든 사람이 피카소 자신을 '천재'로 보길 바랐고, 심지어 아들도 그렇게 하길 바랐기 때문에, 자신이 어떻게 성장했는지 아들에게 알려주지 않았습니다. 그러니, 파울로는 스스로를 초라하게 보았을 겁니다. '천재'의 아들이니, 뭔가 있어야 하는데 아무것도 없으니까요. 그래서 도전을 두려워했고, 성취감을 맛볼 기회를 상실했습니다. 도전과 성취가 없으니 할 줄 아는 일이 없었고, 약물에 의존하게 된 겁니다.

피카소는 여성편력으로도 유명한 사람이었습니다. 7명의 여성들과 차례로 사실혼 관계로 살았다고 하는데요. 함께 살 여인을 고르는 독특한 조건이 단 두 가지가 있었다고 합니다. 그 하나는 키가 작은 자신보다 더 작은 여인일 것, 또 하나는 피카소의 말을 무조건 존중할 것이었습니다.

이런 일화들은 피카소의 정신 상태를 우회적으로 보여주는 것 같습니다. 장기판 앞을 지키기 위한 장기꾼으로서 강박증이죠.

반면 고흐는 장기판을 지키는 쪽으로는 젬병이었습니다. 짝사랑하는 여인을 얻는 것도, 기독교 전도자로서도 그리고 화가로 살아가면서도 마찬가지였죠.

이제 우리 세계로 돌아가 보겠습니다.

고양이가 짖을 때까지 기다릴 것인가?

〈고양이가 짖을 때까지 기다릴 것인가?(2007년)〉 10여 년 전 읽었던 책입니다. '파블로프의 개' 실험을 빗대어 만든 문장을 제목으로 만들었는데요. 저자는 소비자를 '개'와 '고양이'로 나누고 있습니다. '파블로프의 개' 실험은 개에게 먹이를 주며 종을 울리는 실험인데요. 실험이 반복되다 보면, 나중에는 종만 울려도 개가 군침을 흘리고 있더라는 것입니다. 텔레비전이 주요 미디어였던 텔레비전 시대 소비자들은 파블로프의 개와 비슷한 성향을 보였습니다. 텔레비전 광고를 신뢰하고 '조건반사'적으로 제품을 구매했기 때문이죠.

하지만 '인터넷시대'에 진입하면서 새로운 유형의 소비자들이 출현합니다. 바로 '고양이 소비자'들인데요. 그들은 텔레비전 광고를 신뢰하지 않았습니다. 블로그를 찾아서 다른 소비자의 구매 후기를 보고, 제품 게시판에 불만사항을 확인하여 제품 정보를 수집한 뒤 판단해서 제품을 구매했죠. 인터넷이라는 새로운 도구가 소비자들을 '광고 조건 반사'의 상황에서 탈출하도록 해 준 것입니다. 그러니 기업 마케팅 전략의 수정이 필요했던 거죠.

그로부터 10년이 넘는 시간이 지났습니다. 이제 회사들은 인터넷을 활용한 마케팅 전략을 가지고 있습니다. 물론 소비자들도 변화했는데요. 10여 년 전에는 상상도 하지 못했던, 다양한 서비스 플랫폼들이 인터넷에 생겼기 때문입니다. 소비자들은 제품 정보를 알아보고 구매할 뿐 아니라, 사용하던 제품을 되팔거나, 클라우드 펀딩으로 제품 출시 이전부터 기여할 수 있습니다.

게다가, 콘텐츠를 만들어 생산자로 나설 수도 있는데요. 전문적인 작가가 아니더라도 블로그나 유튜브에 콘텐츠를 올릴 수 있습니다. 다양한 공유 플랫폼도 있는데요. 집, 탈것, 지식, 경험들을 공유합니다. 그동안 많은 변화가 생긴 거죠. 하지만 지금까지의 변화는 시작 단계일 뿐인지도 모릅니다. 지금까지 플랫폼들이 다루던 데이터는 대부분 '사용자들'이 출처였습니다. 그러나 앞으로는 '사물 인터넷'이 출처가 될 겁니다. 인공지능 활용으로 플랫폼이 더 지능적으로 바뀌게 될 것이고요.

　게다가, 2020년에 발생한 코로나19 팬데믹은 플랫폼의 성장을 촉진시켰습니다. 대면할 수 없기 때문에, 플랫폼을 이용할 수밖에 없었고, 무엇이 더 필요한지 느낄 수 있었습니다. 팬데믹 상황이 아니었다면 수 년에 거쳐 천천히 일어날 혁신들이 한꺼번에 일어났습니다.

　또한, '디지털 원주민'들이 기성사회에 진입하고 있습니다.[04] '디지털 원주민'들은 아날로그 시대를 살아보지 못한 세대를 뜻합니다. 디지털 시스템이 낯설지 않고 자연스럽습니다. 다시 말해 변화된 플랫폼들을 자연스럽게 사용할 사람들이라는 겁니다. 그렇다면 디지털 이민자들[05]이 플랫폼에 참여할 때보다 플랫폼이 활성화되는 시간이 빨라질 겁니다.

　이제, 인터넷으로 인한 시대 변화를 '기술시대'와 '콘텐츠시대'로 나누겠습니다.

04　https://ko.wikipedia.org/wiki/디지털_네이티브
05　아날로그 시대를 경험한 사람들입니다.

기술시대

선사시대의 기술 발전은 석기, 청동기, 철기 시대를 이루었고, '기술'은 역사를 구분하는 기준점이었습니다. 유럽에서는 가문의 기술이 어원이 된 성씨가 많습니다. 심지어 일본에서는 아직도 가업을 전수하고 있는데요. 그들에게 기술은 가문의 정체성인 듯합니다.

〈생활의 달인〉이라는 텔레비전 프로그램은 숙련된 기술을 가진 사람들을 보여주는데요. 우리는 달인들의 기술에 찬사를 보내곤 합니다. 기술이 그들 삶의 일부가 될 만큼 노력하며 살았기 때문이죠.

기술에 따라서는 의학이나 법률 분야처럼 오랜 시간을 공부해야 하거나 운동선수나 예술가처럼 평생을 단련해야 하는 경우도 있습니다. 투자하는 시간이 많은 만큼 '기술'은 인생 자체로 받아들여집니다. 이처럼, '기술'은 '무언가를 할 수 있다'는 의미를 넘어서 정체성으로, 역사와 세상을 보는 관점으로 작동할 수 있습니다.

선사시대부터 산업화시대까지 각 시대에는 그 시대를 대변할 만한 '기술'이 있었습니다. 특정 기술이 사회에서 보편적인 공감을 얻었기 때문이죠. 이렇게 특정 기술이 사회 보편의 공감으로 자리 잡을 수 있는 시대를 통틀어 '기술시대'라고 해보겠습니다.

산업화 이후 근래까지 공감을 얻고 있는 기술은 기계 기술인 것 같습니다. 우리 주변을 둘러보면, 우리는 의외로 많은 대상을 기계 시스템처럼 해석하고 있거든요. 국가 사회부터 우리 주변에 이르기까지, 인간관계에서도, 가끔은 우리의 몸이나 두뇌를 해석할 때도 기계적인 관점이 끼어듭니다.

특히 회사생활을 하다보면 많이 느끼게 되는데요. 회사의 조직 구조도, 회사의 목표, 일을 진행해 나가는 방법 그리고 구성원 한 사람 한 사람을 대하는 것도 기계적 관점으로 합니다.

하지만 기술시대가 지속되려면 혁신 속도가 충분히 느려야 합니다. 혁신 속도가 빠르면, 기술이 정체성이나 세계관으로 발전할 틈이 없거든요. 예를 들어, 인력, 마력, 증기기관, 내연기관의 기술 혁신이 2~3년 주기로 일어났다면, 그 속에 있는 사람은 특정 기술을 자기 정체성으로 확장하지 않을 겁니다.

1950년대 시작된 디지털 컴퓨터 기술은 혁신에 혁신을 거듭해 왔습니다. 2000년대 들어오면서부터는 인터넷을 통해 세계를 장악하기 시작했고요. 명실공히 우리 시대를 대표하는 기술이 되었습니다. 하지만 인터넷은 기술적 정체성으로 느껴지지 않습니다. 인터넷을 뒷받침하는 기술은 계속해서 변화하고 있기 때문입니다. 그러니, 인터넷시대는 '기술시대'라고 표현하기 어렵습니다.

게다가 인터넷은 인류문명 자체를 변화시키고 있기 때문에, 앞으로 기술이 사회적 공감대로 자리 잡는 일은 없을 겁니다. 인터넷 등장이 '기술시대'를 종식시켜 버렸다고 말할 수 있습니다.

콘텐츠시대

인터넷은 '기술시대'를 종식시켰지만, '콘텐츠'의 역할을 극대화했습니다. '콘텐츠'의 사전적 의미는 '디지털화된 각종 정보, 음악, 영화'입니다. 하지만 그 이상의 역할을 하고 있습니다.

2012년 7월 가수 싸이는 〈강남스타일〉이라는 곡을 유튜브에 올렸습니다. 5년 만에 30억 회 시청을 기록한 이 콘텐츠는 가수 싸이를 전 세계적으로 알렸습니다. BTS(방탄소년단)는 2013년 6월에 데뷔하면서 유튜브에 데뷔곡을 올렸습니다. 꾸준히 팬들과 소통하면서, 공중파 방송보다는 인터넷 콘텐츠를 통해 인기를 확장했고, 역시 전 세계적으로 유명한 그룹이 되었습니다. 여러 경제지들은 BTS의 경제효과가 5.5조 원에 이른다고 분석하고 있고요.

근래 '헤이지니'로 활동하고 있는 강혜진 씨는 2014년 8월 '캐리소프트'라는 회사의 유튜버로 입사하면서 유튜버 크레이터 일을 시작했는데요. 아이들 장난감을 리뷰하는 콘텐츠를 만들었습니다. 엄청난 인기를 끌었고, 2018년 한 방송에서 연 수익이 20억 원이라고 밝히기도 했습니다.

바야흐로 '콘텐츠시대'라고 불러도 될 만한 상황에 이른 겁니다. 우리는 과거 기술에 공감했듯, 지금은 콘텐츠에 공감하고 있습니다.

그럼 콘텐츠는 어떻게 이런 영향력을 갖게 되었을까요? 이제 이 장 처음에 나누었던 이야기로 돌아가 보겠습니다. 장기판 없는 장기꾼, 고흐입니다. 고흐의 그림이 알려지지 않았던 건, 그의 그림을 알릴 수 있는 플랫폼이 없었기 때문입니다. 고흐는 다음과 같이 말한 적이 있다고 합니다. "분명히 말하건대 복음주의자들이나 미술가들이나 똑같다. 그들에게는 오래된 학교와 편견과 인습으로 가득 찬 압제자들이 있다."[06] 고흐의 그림을 인정할 수 있을 만한 식견을 가진 미술가들이 없었기 때문에, 고흐는 자기 콘텐츠를 올릴 플랫폼을 얻을 수 없었습니다.

그러나 근래 콘텐츠 크레이터들에게는 항상 플랫폼이 열려 있습니다. 전 세계 누구나 인터넷을 접속할 수 있다면 콘텐츠를 만들어서 올릴 수 있지요. 다시 말해 콘텐츠가 지닌 가치가 그대로 빛을 발할 수 있게 되었습니다. 그러니 콘텐츠가 좋으면 영향력을 행사하게 되는 겁니다.

이제 개념을 확장하겠습니다. 동영상이나, 그림, 글 이런 것만 콘텐츠일까요? 그렇지 않습니다. 사실 인터넷 플랫폼이 유통하는 모든 것을 콘텐츠로 봐도 될 것 같습니다. 예를 들어 '검색 서비스'는 검색 결과가 콘텐츠입니다. 모르는 사람들의 콘텐츠를 모아서 제공하게 되어 있습니다. '페이스북' 역시 플랫폼입니다. 지인들의 콘텐츠를 제공하게 되어 있죠. 유명한 취업정보 사이트인 '링크드

---

06 데릭 빙햄, 〈격려(2008년)〉, 27쪽

인' 같은 경우도 역시 플랫폼이고, 커리어 정보라는 콘텐츠를 제공합니다. 이 외에도 쇼핑 정보도 콘텐츠라 말할 수 있습니다. 쇼핑 비교가 콘텐츠가 될 수도 있고, 오프라인에서는 진열할 수 없는 모든 제품을 보여주고 쇼핑하기 쉽게 만들어 주는 것 역시 콘텐츠입니다. 롱테일 콘텐츠죠. 다양한 여행정보, 집, 탈것, 지식, 경험을 공유하는 플랫폼 역시 공유 콘텐츠를 제공하고 있습니다.

이제 다음을 보시기 바랍니다.

"우주선 개발자 업무 중 물리학이나 수리력이 필요한 부분은 컴퓨터가 계산해주고, 변호사의 일 중 유사 판결 사례나 법조문을 기계가 검색, 정리해서 최적의 변호 자료를 생성해줄 수 있다. 따라서 일자리에서 중요한 변화는 사라지는 일자리가 무엇인가가 아니라 일의 성격 자체가 어떻게 변할 것인가에 있다."

- 홍성원, <생각하는 기계 vs 생각하지 않는 인간>, 106쪽 -

4차 산업시대가 오면 소프트웨어 기능과 인터넷 플랫폼 사이에 간극이 거의 없어지게 될 겁니다. 그러면 특정 영역, 전문 영역의 콘텐츠를 제공하는 플랫폼들이 생기게 되겠죠. 법률 자문부터 의료 서비스까지 콘텐츠화되어 갈 겁니다.

그리고 또 하나, 코드도 콘텐츠라 볼 수 있습니다.

코드 콘텐츠

코드를 유통하는 플랫폼도 인터넷에 존재합니다. 다양한 서비스 중에 '깃허브'라는 서비스가 가장 영향력이 있는데요. 깃허브는 2008년에 서비스를 시작한 인터넷 플랫폼입니다.[07] 깃허브는 2021년 말을 기준으로 약 7천3백만 명에 달하는 사람들이 코드를 공유하고 있는 '소스코드 공유의 성지'이기도 합니다.

재미있는 건, 2018년 마이크로소프트가 깃허브를 인수했다는 사실입니다. 앞서 이야기를 나누었지만, 마이크로소프트의 창업자인 빌 게이츠는 소스코드 공유는 '도둑질'이라고 한 일이 있습니다. 빌 게이츠의 말을 그대로 받으면 2018년 마이크로소프트는 '도둑집단'에 자금을 댄 셈입니다.

그러나 시대가 변했습니다. 소프트웨어를 패키지로 만들어서 팔던 시대에서 소프트웨어가 서비스를 제공하는 시대로 바뀌었습니다. 그러니, 마이크로소프트도 변한 겁니다. '기술시대'에 소스코드 공유는 마이크로소프트의 이득이 줄어들게 했지만, '콘텐츠시대'에 소스코드 공유는 마이크로소프트에게 중요한 회사 이익 요인이 되었습니다.

---

07 코드를 관리하는 툴 중에 깃(git)이라는 소프트웨어가 있는데요. 깃은 리누스 토발즈가 만든 소스코드 관리 툴입니다. 소스코드의 변경 사항을 관리하기 위해 만들었습니다. 깃허브(github)는 깃을 인터넷 플랫폼으로 만든 것입니다.

'기술시대' 관점에서 소프트웨어 역시 '생산품'이었습니다. 그러니 소스코드는 제품 설계도였죠. 제품 설계도를 공유한다고 보았으니, 도둑질 행위라고 했던 것입니다.

하지만 '콘텐츠시대'에 코드는 콘텐츠입니다. '콘텐츠시대'에는 '콘텐츠의 유통' 과정에서 수익이 생깁니다. '콘텐츠 유통'은 참여자가 많아야 수익이 늘어납니다. 따라서 참여자를 확보하기 위해 콘텐츠를 사용하는 건, 당연한 처사입니다.

그 대표적인 예가 구글의 '안드로이드'였습니다. 안드로이드의 소스코드 공유는 안드로이드 플랫폼에 스마트폰 업체들이 참여하도록 유도했고 안드로이드는 스마트폰 플랫폼을 점령했습니다. 2021년 현재 안드로이드가 탑재된 스마트폰을 사용하는 사용자는 전체 스마트폰 중에 74% 가량에 이릅니다.

'기술시대' 소프트웨어 개발 목표는 결과물(제품)을 만드는 것이었습니다. 마치 건물 짓기와 비슷한데요. 건물을 짓기 시작한 다음, 어떤 이유에서든 계획을 바꾸는 건, 상당히 위험한 행동입니다. 잘못하면 건물이 무너질 수도 있으니까요. 따라서 개발 중에는 되도록이면 계획을 변경하지 않습니다.

하지만 '콘텐츠시대'의 소프트웨어 개발의 목표는 소프트웨어를 키워가는 것입니다. 나무를 가꾸듯 소프트웨어를 가꾸어가는 것입니다. 따라서 상황이 바뀌면 적극적으로 수용해서, 소프트웨어 개발과정에 적용합니다. 나무가 엉뚱한 방향으로 자리지 않도록 해야 하니까요.

2010년 케빈 시스트롬은 '버번'이라는 스마트폰 앱을 만들었습니다. 사용자 위치를 인식해서 사진과 메모를 남기게 해주는 앱이었습니다. 하지만 버번을 사용하는 사용자들은 그리 많지 않았습니다. 2009년에 발표된 '포스퀘어'라는 위치공유 앱과 비슷해 보였기 때문입니다. 심지어 '버번'을 사용하는 사람들은 '위치공유' 기능을 꺼놓고 '사진촬영' 기능만 쓰는 사람이 많았습니다. 버번의 위치공유 기능보다 사진촬영 기능이 맘에 들었던 거죠. 이런 상황을 이해하게 된 케빈은 동업자 맥 크리거와 함께, 버번의 위치 공유 기능을 제거했습니다. 사진촬영 기능을 전면으로 내세웠고요. 사진 공유 앱으로 장르도 바꾸었습니다. 물론, 이름도 바꾸었는데요. '인스타그램'이라고 했습니다. 앱을 공개한 직후 다운로드가 폭발하기 시작했습니다. 몇 시간만에 1만 회가 넘는 다운로드 수를 기록했는데요. 케빈과 맥은 자기들이 숫자를 잘못 세고 있다고 착각했다고 하네요. 그 후 2년여 만인 2012년에 직원 13명으로 불어난 케빈과 맥의 회사는 페이스북에 1조 2천억 원에 인수됩니다. 케빈과 맥의 '가지치기'는 1조 2천억 원짜리 가치였던 겁니다.

한편, 옛날부터 코드 공유를 주장해 왔던 오픈소스 진영에는 〈성당과 시장(2015년)〉이라는 유명한 책이 있습니다. 여기서 성당은 고립된 개발 생태계를, 시장은 오픈소스 진영을 의미하는데요. 성당보다 '시장'에서 소프트웨어를 만들 때 더 뛰어난 결과가 나온다고 주장합니다.

그 이유는 첫째, 보는 눈이 많아지기 때문입니다. 리누스 토발즈는 "보는 눈이 충분하게 많으면, 찾지 못할 버그는 없다"고 했습니다. 조직 내에서 몇 명이 보는 것보다, 코드를 공유해서 수만 명이 코드를 보는 쪽이 버그를 찾는 면에서 유리하겠죠. 둘째, 진화론적인 메커니즘이 작동할 수 있습니다. 같은 일을 하는 코드가 여러 벌 공유되었다면, 가장 많이 사용하는 코드가 안정적이라고 판단할 수 있습니다. 만약 여러 사람이 따로 코드를 가져다가 썼다면, 그 중 살아남는 코드는 가장 안정적으로 수정된 결과라고 믿을 수 있습니다.

[그림 10-2] 리누스 토발즈

지금까지, 기술시대와 콘텐츠시대에 대해 이야기를 나누었습니다. 1990년대 인터넷이 처음 세상에 알려졌을 때는 인터넷이 이 정도로 괴물인지 아무도 몰랐습니다. 2000년대에 접어들어서야 〈웹 강령 95(2000년)〉 같은 책에서 이를 언급하기 시작했습니다. 크리스토퍼 로크라는 사람은 〈웹 강령 95〉 1장에서 인터넷을

'외계 침략'에 비유하기도 합니다. 비행접시 1만 대가 지구를 침공했는데, 알고 보니 전초부대에 불과했다는 겁니다.

이제 4차 산업시대와 더불어서 외계인 본진이 오고 있습니다. 우리가 알고 있는 모든 시스템은 인터넷으로 빨려들어가서, 재해석되어 인터넷 플랫폼 중 하나로 바뀔 겁니다. 이미, 운송, 여행, 숙박, 외식업체들이 앱의 영향을 받고 있지요. 앞으로 상상도 하지 못한 분야에서 플랫폼이 나오고 더 많이 나오게 될 겁니다. 그러면 모든 것은 콘텐츠로 바뀌게 됩니다. '콘텐츠시대'입니다.

우리 모두는 참여하는 플랫폼마다, 콘텐츠 기반 정체성을 만들어가게 될 겁니다. 가정생활이나, 회사생활에서, SNS에서 또는 메타버스에 이르기까지, 스스로 구축해나가는 콘텐츠가 그 사람을 표현하게 되는 겁니다. 콘텐츠를 중심으로 공감대를 형성하고, 영향력을 행사하게 될 것입니다.

따라서 고흐와 피카소 같이 '내재 동기부여'에 의해 콘텐츠를 창조해 내는 사람들이 두각을 나타내게 됩니다. 반면, 콘텐츠가 없는 사람들은 존재 자체의 의심을 받는 사회로 갈지도 모릅니다.

그렇다면 우리는 콘텐츠시대를 준비해야 합니다.

마중물

미야자키 하야오의 〈이웃집 토토로〉에는 주인공 자매 '샤츠키'와 '메이'가 재래식 물펌프를 사용하는 장면이 나옵니다. 샤츠키가 개울물을 퍼다가 물펌프에 붓고 펌프질을 하는 건데요. 펌프질하기 전에 물펌프에 붓는 물을 '마중물'이라고 부릅니다. 재래식 물펌프를 사용하려면 마중물이 필요한데요. 그건 물펌프 속 피스톤이 움직일 때, 물이 있어야만 피스톤의 아래쪽이 진공상태가 되기 때문입니다. 일시적인 진공상태가 되면, 그 안으로 지하수가 빨려 올라오는 거죠.

[그림 10-3] 이웃집 토토로의 한 장면

이와 비슷하게 우리 머릿속에서 콘텐츠를 끌어내려면 마중물이 필요합니다.

다시 피카소에게 가보겠습니다. 피카소가 〈알제의 여인들〉을 창작한 마중물은 '들라크루아'가 그린 〈알제의 여인들〉이었습니다. 물펌프에 마중물을 붓듯이 피카소의 무의식에 '들라크루아'의 〈알제의 여인들〉을 부어 넣은 겁니다. 피카소 무의식 속 수원지에서는 〈알제의 여인들〉을 피카소만의 방식으로 해석해냈습니다. 그후 무의식에서 솟아 오른 해석은 피카소에 의해 작품이 되었고요. 15점의 작품을 쏟아냈다고 하니, 피카소 무의식 속 수원지가 얼마나 풍성했는지 짐작되네요.

한편, 9장의 푸앵카레는 산책하러 나가기 전에 노트를 했습니다. 풀어야할 문제를 적어 보았죠. 이 또한 마중물 붓기가 아닌가 싶습니다.

마중물에 창작물이 딸려 올라오려면, 무의식 속에 수원지가 제대로 자리 잡고 있어야 합니다. 짐작하시겠지만, 물펌프를 쓸 수 있는 건, 지하수가 넉넉할 때나 가능한 이야기입니다. 만약 날이 가물어서 지하수가 줄어버리면 아무리 마중물을 부어도 물이 뿜어져 나오지 않습니다. 피카소만큼 풍성한 수원지를 가지려면, 아마 재능과 함께 수십 년간의 노력이 필요할 겁니다. 그러니, 냅킨에 그린 그림이라도 그리는 데 수십 년이 걸렸다고 말할 수 있었겠죠.

여기까지 이야기를 정리하면, 우리가 콘텐츠시대를 준비하기 위해서는 크게 두 가지가 필요한 것으로 보입니다.

첫째, 무의식 속 수원지입니다. 상세한 부분은 전문 분야마다 차이가 있겠지만, 수원지를 넓히는 가장 중요한 방법은 독서입니다. 독서는 '저자의 눈'으로 책의 주제를 보는 시간을 갖는 것입니다. 따라서 내가 가진 관점과는 차이가 있을 수밖에 없습니다. 깊은 생각을 하며 다른 관점을 가져 보는 시간은 우리 무의식 속 수원지를 넓게 합니다.

둘째, 펌프질을 익혀야 합니다. 물론 실재 물펌프는 펌프질을 익힐 필요가 없습니다. 조금만 사용해보면 느낌이 오니까요. 하지만 무의식 속 수원지에서 창작물을 끌어내는 펌프질은 익혀야 합니다. 펌프질 역시 다양한 방법이 있겠지만, '글쓰기'만한 펌프질은 없습니다. 특히 콘텐츠시대에서는 글쓰기의 중요성이 더욱 커질 전망입니다.

독서에 대해서는 이미 이야기를 나누었으니 '글쓰기'에 대해서 이야기하겠습니다.

글쓰기

1986년 미국의 우주왕복선 챌린저호가 발사를 한 직후 폭발하는 사건이 발생했습니다. 우주선 탑승자들이 모두 사망했기 때문에 미국인들에게는 더 큰 충격이었는데요. 이날 한 연구자는 기억 실험을 진행했습니다. 100여 명의 학생들을 모아 놓고, 폭발사고 당시 뉴스를 어디서, 무얼하다가 들었는지 어떻게 느꼈는지를 써내게 했거든요. 3년이 지난 후 당시 학생들을 다시 불러 모은 다음, 똑같은 질문을 했는데요. 44퍼센트 학생은 전혀 다른 이야기를 했다고 하네요.

예를 들어 한 여성은 "우주왕복선이 폭발했어" 하고 소리 지르며 뛰어나오는 학생을 목격했다고 이야기했는데요. 3년 전에 이 여성이 진술한 내용은 친구들과 점심 먹다가 뉴스를 들었다는 것이었습니다. 기억이 완전히 바뀐 셈이죠.[08]

우리의 뇌는 기억을 차곡차곡 쌓아가지 않고, 과거 기억과 새로운 기억을 계속해서 섞어 간다고 합니다. 그래서 기억 왜곡이 발생하고, 옛날 기억은 희미해져 가는 겁니다. 그런데요. 우리의 무의식은 기억 너머 어딘가에 있습니다. 그래서 무의식에서 무언가를 끌어내면, 땅속 고구마 줄기를 끄집어내는 것처럼, 다양한 기억이 함께 끌려나오게 됩니다. 이때 무의식에서 나오는 이야기를 글로 천천히 써내려가게 되면 끌려나오는 속도가 글을 쓰는 속도보다 훨씬 빠르기 때문에, 필요 없는 고구마 줄기는 버리게 되는 겁니다. 그래서 글로 생각을 옮기다보면, 생각이 정리되는 느낌을 받습니다.

---

08 〈기억창고 정리법(2007년)〉, 〈생각의 한계(2014년)〉, 〈직관의 두 얼굴〉이라는 책에 나오는 챌린저호 기억 실험 내용을 모아서 각색했습니다.

하지만 요즘 글쓰기는 손보다 키보드를 많이 하게 됩니다. 손보다 키보드가 훨씬 빠르기 때문에 글이 덜 정리되는 경우도 있습니다. 〈글쓰기 생각쓰기(2007년)〉의 저자 윌리엄 진서는 "컴퓨터로 글을 쓰는 이들은 글쓰기의 본질이 고쳐 쓰기라는 사실을 알지 못한다. 글을 막힘없이 술술 써낸다고 해서 글을 잘 쓰는 것은 아니다"라고 했는데요. 뭔가 연결되는 느낌을 그대로 끌고 가면 글이 잘 써질 것 같지만, 그렇게 내버려 두면 군더더기가 너무 많게 됩니다. 따라서 여러 차례 다시 보면서 필요 없는 걸 솎아내야 합니다.

윌리엄 진서는 글쓰기를 배우는 방법에 대해서도 이야기했는데요. '강제로 일정한 양을 정기적으로 쓰는 것'이라고 했습니다.[09] 스티브 킹도 〈유혹하는 글쓰기〉에서 비슷한 이야기를 했는데요. 스티브 킹은 출근 전 하루에 2시간 30분씩 글을 쓴다고 합니다. 우리는 9장에서 '생각근육'을 이야기했는데요. 마찬가지로 글쓰기도 근육이 생기는 듯합니다. 그러니 '콘텐츠시대'를 준비하기 위해 매일 글을 쓰는 건, 필수적인 것 같습니다.

매일 글쓰기를 하면 글쓰기 근육이 단련되는 것뿐 아니라 다른 효과도 얻을 수 있는데요. 〈하루 세 줄, 마음정리법(2015년)〉을 번역한 방송인 정선희는 세 줄 일기를 쓰면서, 마음이 치유됨을 느꼈

---

09 윌리엄 진서, 〈글쓰기 생각쓰기〉, 49쪽

다고 합니다. 세 줄 일기는 '오늘 가장 안 좋았던 일', '오늘 가장 좋았던 일', '내일의 목표'를 한 줄씩 매일 적는 것이라는 군요.

〈아티스트 웨이〉에서 줄리아 카메론은 '창조성 회복'을 위해 '모닝페이지'를 사용해볼 것을 제안합니다. 모닝페이지는 매일 아침 의식의 흐름을 3쪽 정도로 적어보는 것인데요. 약 15분 정도, 내면의 창조자(아마도 자아, 무의식이 아닐까요?)가 이야기하는 것을 받아 적어보는 겁니다. 재미있는 건, 쓴 다음 다시 읽어보지 말라는 것입니다. 오로지 '내면의 창조자'의 목소리를 듣는 연습을 하는 것이죠. 이런 훈련을 하면, 창조성이 필요한 직업을 가진 사람들이 슬럼프에서 벗어날 수 있다는 군요.

한편, 〈에디톨로지〉의 김정운 소장은 카드 사용을 이야기합니다. 노트에 정리하면, 편집하기 힘들기 때문에, 활용도가 떨어지는데요. 카드에 내용을 정리하면, 뒤섞어서 편집해 쓸 수 있기 때문입니다.

〈탁월함에 이르는 노트의 비밀〉에서 이재영 교수의 쓰기 방법도 상당히 재미있습니다. 〈탁월함에 이르는 노트의 비밀〉의 표현을 그대로 옮기면 이렇습니다. "노트를 사라. 그리고 써라. 항상 들고 다녀라. 심심하면 열어보고 떠오르는 순간의 생각을 기록하라. 한 권의 노트에서 하나의 결론을 뽑아내라." 마치 책을 쓰듯이 집중하고 있는 주제를 계속 상기시키면서 무의식이 하는 말을 귀 기울이는 방법입니다.

우리의 무의식 속 수원지에서 콘텐츠를 끌어내는 펌프질, '글쓰기'에 대해 이야기했습니다.

아직, 우리 주변엔 '기술시대'에 살고 있는 사람이 많습니다. 그래서 모든 것을 '기술시대' 관점으로 보고 산업시대의 기계 시스템을 다루듯 다루려고 합니다. 하지만 그런 접근 방식은 외계인 침략 이전, 비행접시 1만 대가 지구를 둘러싸기 전에나 가당하던 이야기입니다.

콘텐츠시대를 준비해야 합니다. 우리가 속한 나라와 회사를 바꿀 수는 없지만, 우리는 우리 스스로는 바꿀 수 있습니다. 독서하고 글 쓰는 습관을 가져야 합니다. 계속해서 생각의 근육을 키우고 무의식 속에 수원지를 넓혀야 합니다. 그리고 자기 콘텐츠 만들기를 시작해야 합니다. 콘텐츠를 만드는 것은 어느 날 갑자기 시작할 수 있는 일이 아닙니다. 그러니 오늘부터 시작해야 합니다.

다음 장에서는 콘텐츠시대를 준비하는 우리가 어떤 미래를 염두에 두고 있어야 할지 이야기하겠습니다.

코딩의
미래

11장

미래환경

포도원

널따랗고 기름진 땅에 풍성한 포도원을 가진 농장 주인이 포도원에서 일할 사람을 구하러 인력시장에 나갔습니다. 하루 10만 원을 주겠다고 약속하고, 일을 시작하기 전에 한 무리를 들여보냅니다. 오전 9시가 되어 다시 인력시장에 나가니 아직 일자리를 구하지 못한 사람이 있었습니다. 그들도 들여보냅니다. 오후 12시, 오후 3시, 오후 5시에도 나가서 인력시장에 서성이고 있는 사람을 데려다가 포도원에 들여보냅니다.

오후 6시가 되어 일이 끝나고, 주인은 집사(청지기)를 시켜서, 나중에 온 사람들부터, 처음 온 사람들까지 10만 원씩 나누어 주었습니다. 아침 일찍, 처음 들어온 사람들은 자기들은 좀 더 받을 줄 알았는데, 자기들도 똑같이 10만 원을 받아 든 것을 보고 주인에게 불평합니다. 신약성서의 마태복음 20장에 나오는 '포도원 일꾼' 이야기를 각색해보았습니다.[01]

이 이야기에서 포도원 주인은 참 희한한 사람입니다. 먼저, 집사가 있을 만큼 부자였지만, 직접, 일꾼들을 찾으러 나갔습니다. 둘째, 포도원에 들어오지 못한 사람이 없게 하려는 듯, 시간을 가

---

01 성서에는 10만 원이 아니라 한 데나리온으로 되어 있습니다. 데나리온은 당시 화폐 단위 중 하나인데요. 한 데나리온은 당시 한 가족의 하루 생계비라고 하네요. 그래서 10만 원이라 써보았습니다.

리지 않고 네 번이나 더 나가서 일꾼을 불러왔습니다. 셋째, 일을 적게 했더라도 일당을 똑같이 주었습니다. 포도원 주인의 이런 행동들은 포도원 주인이 일꾼을 불러 모으는 이유가 포도원에 일을 시키려는 것이 아님을 짐작하게 합니다. 진정한 목적은 일당을 못 받은 사람이 없게 하는 것 같습니다. 하루 벌어 하루 사는 사람들의 일당을 채워주지 못하면 가족 중에 누군가는 굶어야 하겠죠. 어쩌면 포도원 주인의 목적은 그 동네에 굶는 사람이 없게 하는 것인지도 모릅니다.

반면, 불평한 일꾼들은 표면적으로는 '공평'과 '정의'를 내세웁니다. 자기들은 하루 종일 일했으니 한 시간 일한 사람보다는 많이 받아야겠다고 합니다. 한 시간 동안 일한 사람에게 하루 품삯을 줄 거라면 자기들에게는 일주일 품삯을 주어야 공평하다고 이야기하는 건지도 모르겠습니다. 그러나 그건 불가능한 일입니다. 결국 그들이 원하는 건, 한 시간 일한 사람은 한 시간 품삯을 받아야 한다는 것입니다. 그러나 그렇게 되면 누군가는 굶어야 합니다.

현대사회에서 '누군가는 굶어야' 한다는 부분을 채워주는 논리는 '적자생존'에서 나옵니다. 자연의 법칙이기 때문에 어쩔 수 없다고 둘러대는 겁니다. 그러나 그건 올바른 논리라고 볼 수 없습니다.

'적자생존'이라는 용어를 처음 사용하기 시작한 사람은 '허버트 스펜서'라는 인물입니다. 허버트 스펜서는 사회진화론의 창시자라고 하는데요. 다윈과 동시대에 살면서 사회진화론을 개척했습니다. '적자생존'이라는 말은 다윈이 허버트의 말을 가져다 쓴 것인데요. '환경에 적응하는 정도'의 의미로 사용했습니다. 하지만 우리가 알고 있는 '적자생존'은 '최상의 물리적 형체'가 살아남는다는 의미입니다. 다시 말해 1등만 살아남아야 한다는 개념이죠. 이건, 허버트 스펜서가 사용한 의미입니다. 불평하는 포도원 일꾼 같은 우리 인간에게 너무나 잘 들어맞는 이론이었던 것 같습니다. 사회진화론은 20세기까지 크게 유행했다는데요. 인종차별주의, 파시즘, 나치즘을 옹호하는 근거로 사용되었고, 신자유주의 경제에 논리를 제공하기도 했습니다.

[그림 11-1] 허버트 스펜서

다윈의 '적자생존'이 펼쳐지는 무대는 자연입니다. 그러나 허버트 스펜서의 '적자생존'이 펼쳐지는 무대는 인간사회입니다. 다윈의 '적자생존'이 자연현상이라 하더라도 허버트 스펜서의 '적자생존' 역시 자연현상이라고 확정하는 건, 논리의 비약입니다. 게다가 인간이 속한 포유류는 자연에서 '적자'가 되어 살아남기 위해 '경쟁'이 아닌 '사회성'을 택했습니다.

이타적 유전자

다니엘 골먼의 〈SQ 사회지능(2006년)〉 중 '4장. 이타적 유전자'에는 붉은 털 원숭이 실험 이야기가 나옵니다. 실험 내용은 이렇습니다. 먼저 원숭이 여섯 마리를 데려왔습니다. 그리고 우리 안에 있는 끈을 당기면 먹이를 먹을 수 있다는 것을 알게 해 줬습니다. 그 다음 이 원숭이들을 다른 우리로 옮겼는데요. 거기선, 건너편에 다른 우리에 갇힌 원숭이를 볼 수 있었습니다. 여기에는 먹이 나오는 끈이 두 개 있었는데요. 하나는 먹이가 적게 나오는 끈이었고, 다른 하나는 먹이가 많이 나오지만 건너편 원숭이가 전기 충격을 받는 끈이었습니다.

끈을 당겼을 때, 상대 원숭이의 고통을 목격한 원숭이 중 네 마리는 먹이가 적게 나오는 끈을 당겨서 먹이를 먹었습니다. 그러나 한 마리는 5일 동안, 다른 한 마리는 12일 동안 어떤 끈도 당기지 않았습니다. 원숭이들에게는 상대방의 고통을 공감하는 능력이 있는 것입니다.

다니엘 골먼은 '공감능력'의 원인이 '거울신경세포'라는 뇌세포라고 말하고 있습니다. 이 신경세포는 상대방의 감정을 본인의 뇌에 복사해 옵니다. 그렇게 타인의 고통을 느낄 수 있기 때문에 타인이 고통당하는 행동을 할 수 없는 겁니다. 상대의 감정을 느끼므로 이타적인 행동이 가능합니다. 그리고 이타적 행동은 사회를 형성하는 기초가 되죠.

〈사랑을 위한 과학(2001년)〉의 저자들은 이에 대해 '변연계 공명'이라는 용어를 씁니다. 세 명의 정신과 의사가 저술한 이 책에서, 저자들은 진화론적 입장에서 '사랑'을 해석해보고 있는데요. 두뇌의 변연계라는 부분에서 감정과 사랑을 다룬다고 주장하고 있습니다. 변연계는 진화론적으로 볼 때, 포유류 이후 진화 과정에 있는 '종'들에게서 나타나는 부위라고 하네요.

마치 텔레파시를 주고받는 것처럼, 엄마는 아기의 눈빛만 보고 아기가 뭘 원하는지 알 수 있습니다. 엄마의 사랑스러운 피부 접촉(스킨십)은 아이의 '성장 호르몬 수치'를 상승시키고, 엄마의 젖을 먹으면서 아이는 심장 박동과 수면, 각성 상태가 조절된다고 합니다.

가족과 친구, 동료의 따뜻한 인간적 접촉은 아편성 물질을 체내에서 발생시킨다고 하는데요. 힘들고 고통스러운 상대방을 안아주고 싶은 이유가 바로 여기에 있는 듯하네요.

이렇듯, '변연계 공명' 또는 '거울신경세포'의 작용은 인간이 사회적으로 살도록 만듭니다. 다시 말해 사회성은 본능이라는 겁니다. 하지만 지금까지 역사에서 인간은 매우 잔혹했습니다. 동족인 인간끼리 죽이는 데 주저함이 없었죠. 이런 일이 가능한 건, 첫째, '변연계 공명'이 없을 경우입니다. 파충류와 같이 선천적으로 그런 게 없는 '종'이거나 사이코패스처럼 선천적으로 결핍된 상태로 태어나는 경우가 있을 겁니다. 또는 후천적으로라도 감정을 느끼지 못하도록 강요받으며 성장한 아이들이 그럴 수 있고요. 둘째, 시스템적 문제, 환경적 문제가 그렇게 만드는 경우가 있습니다. 전투기 조종사들이 폭탄 투하 버튼을 누를 수 있는 이유는 희생자들의 얼굴을 볼 수 없기 때문이거든요.

'포도원 일꾼'들이 마음껏 불평할 수 있는 것도 굶주림에 고통받는 상대의 가족들을 볼 수 없기 때문입니다.

그런데 '콘텐츠시대' 플랫폼이 이러한 문제점에 노출되어 있습니다. 플랫폼 이편에서는 콘텐츠를 만들고 사용하는 사람들이 끈을 붙잡고 있고, 플랫폼 저편에는 이편에서 당기는 끈에 따라 고통당하는 플랫폼 노동자들이 있는 구조가 됩니다. 앞선 원숭이 실험에서는 이편 원숭이들이 저편 원숭이의 고통을 볼 수 있었지만, 플랫폼 노동자들의 고통은 플랫폼 사용자들이 볼 수 없습니다. 그러니 먹이가 더 많이 나오는 끈을 쉴 새 없이 당길 수밖에 없죠.

장기판의 다리

〈알고리즘이 욕망하는 것들(2019년)〉에서 '에드 핀'은 미국 아마존의 '온도 관련 정책'에 대해 이야기합니다. 아마존은 물류 작업장에 에어컨을 설치하지 않았고, 대신 작업장 밖에 구급차를 대기시켰다고 하는데요. 그 이유가 당황스럽습니다. '더 효율적'이었기 때문이라는군요. 다시 말해서 에어컨 설치비보다, 고온으로 쓰러지는 노동자들을 구급차에 실어 보내는 게 더 싸게 먹힌다는 겁니다. 플랫폼 노동자들을 소모품으로 여기는 거죠.

아마존은 '메커니컬 터크'라는 서비스를 운영하고 있습니다. 2005년 11월에 시작한 이 서비스는 '인간 지능 업무'를 하면 건당 몇 센트씩 벌게 해주는 건데요. 누군가가 작업을 의뢰하면 이를 아마존이 작업자에게 나누어 주는 겁니다. 예를 들어서 특정 '팟캐스트'를 듣고 대본을 적는다거나, 컴퓨터 기술로 인식이 어려운 글을 분별해내는 일이죠.[02]

메커니컬 터크 서비스는 '인간 지능 업무'를 하는 사람들이 플랫폼의 부품이 되는 구조를 가집니다. 플랫폼에 의해 사람이 부림을 당하는 건데요. 상당히 꺼림직합니다. 그래서 그런지 〈미래는 누구의 것인가(2016년)〉에서는 메커니컬 터크에 의뢰된 작업의 40%가 스팸 메일을 작성하는 것이라며, 이 서비스에 대해 볼멘소리를 내고 있습니다.

미국의 개발자이자 저술가인 엘런 올먼은 〈코드와 살아가기(2020년)〉에서 기술 평론가 더글라스 러시코프의 말을 옮깁니다.

---

02 〈아마존 세상의 모든 것을 팝니다(2014년)〉

"우버 기사들은 우버의 기사가 없는 미래를 위한 연구 개발 도구입니다." 우버는 기사들에게 직업을 제공해주는 것처럼 보이지만 사실 우버 기사들이 만들어내는 데이터는 우버가 미래 자율주행 서비스를 준비하는 데 밑거름으로 사용될 겁니다. 그리고 그 미래가 오면, 우버 기사들은 일자리를 잃게 되겠죠.

이외에도 플랫폼을 운영하는 회사는 플랫폼의 성장과 유지를 위해 엄청난 노력을 기울이고 있습니다. 100명이 사용할 때도 그렇지만 100만 명이 사용하는 플랫폼으로 성장하더라도 접속 속도가 느려지거나 끊기는 일이 없어야 하고, 서비스의 멈춤이 없어야 하는데요. 만약 서비스가 예기치 못하게 멈출 경우 크게 손해를 보게 되기도 하죠. 예를 들면, 쇼핑몰 플랫폼이 블랙 프라이데이나 크리스마스 시즌에 서비스가 멈춰버리면 안 되겠죠. 게다가 순간순간 서비스가 진화해가면서, 사용자의 요구를 맞춰나가야 하는데요. 이 모든 것이 사람의 손으로 해야 하는 일입니다.

결국, 장기꾼들이 보는 장기판은 깔끔하게 정리된 모습이지만, 장기판이 그런 모습을 유지하게 하려고, 장기판 아래쪽 받침에 우리 이웃들을 욱여넣고 있는 셈입니다.

따라서 플랫폼 관련 노동자들과 개발자들의 처우에 대해서 정부의 정책적 개입이 필요합니다. 고통을 당하며 죽을 만큼 일하다 실제로 죽음에 이르는 사람들이 없도록 해야 합니다(앞서 언급하지 않았지만, 우리나라의 택배 기사 과로사가 여러 차례 논란이 되었습니다). 그리고 30년 후의 사회를 목표로 '포도원 일꾼'의 관점에서 '포도원 주인'의 관점으로 바꿔가야 할 필요가 있습니다. 다시 말해, 일을 얼마나 했냐가 아니라 일을 할 의지가 있다면 먹고 살 수 있도록 해주어야 합니다.

지금까지, 일한만큼 품삯을 받는 것은 당연했습니다. 하지만 앞으로는 '인간 노동'이 '자동화 기계의 작동'으로 전환되어 갈 겁니다(우버와 같은 플랫폼 기업들이 꿈을 이루게 되어 플랫폼 노동자들이 더 이상 필요하지 않게 되는 거죠). 그렇게 되면, 일이 있어도 안 하는 상황이 아니라, 정말 할 일이 없는 상황이 될 텐데요. 일을 못하면 돈을 못 버는 현재 구조가 유지되면, 시장의 '소비지'가 급격히 줄어드는 결과를 만들 겁니다. 자동화 기계가 생산해도 물건을 사줄 사람이 없게 되는 거죠. 그래서 '포도원 주인'의 안목이 필요한 겁니다. '소비층'을 유지할 수 있는 사회적 합의와 관점 변화, 정책적 뒷받침이 있어야 합니다. 이 부분에 대해서 좀 더 이야기할 필요가 있습니다.

산업의 변화

> "500만이 넘는 흑인들이 1940년과 1970년 사이에 일자리를 찾기 위해 북쪽으로 이주했다."
>
> - 제레미 리프킨, 〈노동의 종말(2005년)〉, 141쪽 -

링컨의 '노예 해방 선언'은 남부 지역 흑인 노예 20여만 명의 탈출을 부추겼고, 북부군에 합류하게 했다고 합니다. 하지만 '목화 따는 기계'는 500만 명이 넘는 흑인들을 북부로 이주하게 했다고 하니, 링컨의 '노예 해방 선언'보다 노예 해방에 도움을 준건 '목화 따는 기계'였습니다.[03] 그러나 이러한 산업의 변화가 목화 농장 노예들을 공장 노동자로 바꾸었는지는 의문이 남습니다.

[그림 11-2] 목화 농장에서 일하는 흑인 노예

---

03 제레미 리프킨은 〈노동의 종말〉에서 노예 해방 선언보다도 목화 따는 기계가 흑인들을 농장에서 해방시키는 데 효과적이었다고 말하고 있습니다.

〈생각하는 기계 vs 생각하지 않는 인간〉에서 저자 홍성원은 1950년대 크라이슬러 자동차에서 일했던 숙련공 7,426명 중 흑인이 24명, GM의 1만 1,000명 노동자 중 숙련된 흑인 노동자는 67명에 불과했다고 서술하는데요. 그 원인은 교육 수준에 있었습니다(목화만 따던 흑인들에게 글을 가르쳤을 리가 없죠). 결국 500만 명이 넘는 이주자 중 자동차 공장에서 일할만큼 성공한 사람은 90여 명뿐입니다(물론 1970년대에는 더 많아졌을 수도 있습니다).

산업의 변화는 옛날 직업을 사라지게 하고, 새로운 직업을 만들어 냅니다. 그러나 새로운 직업이 생겼다고, 옛날 직업을 가졌던 사람들이 바로 적응할 수는 없습니다. 4차 산업시대가 와도 비슷한 상황이 벌어질 겁니다. 앞서 언급했던 우버와 같은 회사는 플랫폼 노동자를 자율주행 프로그램으로 바꾸겠죠. 아마존 물류 창고의 플랫폼 노동자도 사라질 겁니다. 대형마트의 계산대에서도, 고속도로를 주행하는 화물 트럭에서도, 병원이나 변호사 사무실에서도 '인간 자비스'의 일자리는 사라지게 될 겁니다.

느끼셨겠지만, 미래에 올 변화는 기존 산업 변화와는 차이가 있습니다. 과거 산업 변화는 자동화의 한계가 있었기 때문에 산업이 변화해도 결국은 사람이 필요했습니다. 그러나 4차 산업시대에서의 변화는 일하는 사람의 숫자를 줄이는 변화입니다. 수백 명이 일하던 공장에 10명이 일하게 될 겁니다.

일하는 사람의 수가 줄면, 돈을 버는 사람의 수가 줄어듭니다. 그러면 시장에서 소비자가 줄어들게 되겠죠. 생산능력이 극단적으로 뛰어난 공장을 세워도 생산된 제품을 팔 곳이 없게 됩니다. 그러므로 시장을 유지하려면 소비계층이 소득을 일정 수준으로 유지하게 해주어야 합니다. 다시 말해 '포도원 주인'의 관점으로 소득을 분배하는 사회가 되어야 하는 거죠.

다만, 현재 사회 구성원 대다수가 '포도원 일꾼' 관점을 당연하게 받아들이는 상황이기 때문에 '포도원 주인'의 관점으로 바뀌려면, 상당한 시간이 필요할 수도 있습니다. 아마도 30년쯤이 걸려야 하지 않을까요? 30년이면, 관점을 절대 바꾸지 못하는 사람들이 은퇴하고 다음 세대가 사회 주도권을 가지는 시간입니다.

게다가 제레미 리프킨은 '협력적 공유 사회'가 '시장 자본주의'를 제치고 시장의 주도권을 가지게 되는 시점을 2050년쯤으로 보고 있습니다. 흥미롭게도 지금부터 30년 이후 정도가 됩니다. 협력적 공유 사회는 협업, 수평적 네트워크에 기반한 사회입니다. 우리나라에서 옛날에 품앗이로 농사를 짓던 것 같은 공동체 사회가 도래하게 되는 거죠.

그리고 이러한 사회변화는 '콘텐츠시대'를 심화시키는 밑거름이 될 거라, 어렵지 않게 추측할 수 있습니다. 다시 한 번 강조하지만 앞으로 시대는 콘텐츠가 정체성으로 자리 잡는 시대로 발전해 나갈 겁니다. 따라서 어떤 콘텐츠를 가지고 있는지가 사람이나 회사, 단체의 정체성이 될 겁니다. 특히 개인의 경우, 자기 콘텐츠를 가질 수 있으려면 되도록이면 오랜 시간, 꾸준히 읽고 꾸준히 써야 합니다.

이제 미래 콘텐츠시대의 교육과 조직사회에 대해 이야기를 좀 더 해 보려고 합니다.

교육

지금까지 우리는 인간 사회를 일종의 시스템으로 보아왔습니다. 국가와 그 속에 속한 다양한 조직 역시 시스템으로 여겼죠. 그래서 학교는 사회 시스템에서 필요한 인재(부품)를 공급하는 기관이었습니다. 학교에서 더 좋은 성적을 얻을수록 더 나은 시스템의 일원이 될 가망성이 높아지기 때문에, 고등학생부터 유치원생까지 어린 시절 대부분을 공부에 매몰되어 보내야 했지요.

하지만 시대가 변하고 있습니다. 앞서 이야기했지만, 30년쯤 지나면 시장의 판도가 '협력적 공유 사회'로 넘어가게 되거든요. 이에 따라 '기술시대'의 사상, 개념들이 '콘텐츠시대'의 것으로 바뀌어 갈 겁니다. 그럴 경우, 학교에서는 어떤 일이 일어나게 될까요?

첫째, '기술'보다는 '콘텐츠'가 중요합니다

요즘 유치원에서는 코딩 교육을 합니다. 물론 직접 코드를 짜는 건 아니고요. 명령을 내려 코딩 로봇을 움직여 보는 거죠. 초등학교에 올라가면 스크래치나 엔트리를 배우고 고등학생들은 C 언어 같은 프로그래밍 언어를 배운다고 하네요. 다시 말하자면, 현재 우리의 교육체계는 아이들에게 '코딩 기술'을 가르치고 있습니다. 정작 교육 정책이 아이들에게 필요하다고 하는 건 '컴퓨팅 사고'인데요. 코딩을 배우면 그런 사고방식을 가지게 될 거라 기대하는 겁니다. 하지만 그럴 것 같지 않습니다.

컴퓨팅 사고는 창의력, 융합 능력, 추상화 능력 등을 포함한 개념인데요. "코딩 기술을 익히다가 배운다"라고 하기보다는 "콘텐츠를 만들다가 배울 수 있다"고 하는 게 더 설득력 있어 보이네요.

둘째, '경쟁'보다는 '협력'이 중요합니다

요즘 학교는 경쟁 사회라고 하더군요. 더 좋은 성적을 얻으려면 옆 친구를 이겨야 하고, 취업문을 통과하려 해도 경쟁해야 하니까요. 이건 '기술시대' 사고방식 때문에 그렇습니다. 학교는 부품 생산 공장이기 때문에, 부품을 조달받을 곳에 영향을 받거든요. 부품이 팔려나갈 시스템이 많다면, 경쟁을 하지 않아도 되지만, 부품이 팔려나갈 시스템이 한정적이라면, 부품은 더 나은 부품으로 보이기 위해 경쟁해야 하겠죠.

하지만 '콘텐츠시대' 관점으로 보면, 경쟁보다 협력이 중요합니다. 김정운 소장은 〈에디톨로지〉에서 '창조는 편집'이라고 설파했습니다. 경쟁할 때보다 협력할 때 편집할 재료와 편집하는 능력을 얻기 좋습니다. 피카소는 동료 화가들의 작업장을 기웃거리고, 선배 화가들의 작품을 재해석하는 가운데 자기 화풍을 발전시키고 완성해 나갔습니다.

셋째, 자비스보다는 토니가 필요합니다

'기술시대'적 사고방식은 '기술'만 있으면 모든 게 해결된다고 봅니다. 히지만 '기술'만 가진 사람은 '인간 자비스'입니다. 〈아이언맨〉에서 '인공지능 자비스'는 아이언맨을 만들 수 있는 '기술'을 가지고 있었지만, 토니 스타크는 '아이언맨'이라는 콘텐츠를 가지고 있었습니다.

넷째, 대학에도 변화가 있겠죠

'기술시대'의 대학은 좋은 부품임을 증명하는 검증 장소로 쓰였습니다. 소를 팔아서라도 아이들을 대학에 보냈던 것은, 그렇게 하면 더 나은 시스템에 들어가는 부품이 되어서, 아이의 삶이 윤택해질 거라 믿었기 때문입니다. 하지만 학력 높은 사람이 너무 많아졌고,

취업의 문은 좁아졌습니다. 기업들은 데려다가 바로 써먹을 수 있는 사람을 찾고 있습니다.

게다가, '콘텐츠시대'가 심화될수록 취업문은 더 좁아질 겁니다. '콘텐츠시대'에 먼저 적응한 실리콘 밸리의 IT 대기업들은 신입사원을 뽑지 않는다고 합니다.[04] 대신 유능한 대학생을 발굴해서 인턴사원을 시킵니다. 인턴기간 동안 능력을 발휘하는 학생은 졸업 후 채용하는 거죠.

인턴사원을 뽑을 때, 학생의 성적은 볼 수 없습니다. 다만, 어떤 '콘텐츠'를 가지고 있는지는 보여줄 수 있겠네요. 인턴사원을 뽑는 회사와 비슷한 콘텐츠를 가지고 있는 학생이 유리하겠죠.

그래서 '기술시대' 관점으로는 대학에 갈 이유가 없게 될 수도 있습니다. 하지만 '콘텐츠시대' 관점으로 대학은 협력할 동료를 찾는 곳이 될 수 있지 않을까요?

다섯째, 교육의 기회가 넓어져야 합니다

몇 년 전, 한 디자인 회사 대표의 인터뷰를 본 일이 있습니다. 이 분의 주장이 흥미로웠는데요. 자기가 잘할 수 있는 일을 찾을 때까지 집에서 뒷바라지해줬기 때문에 자신이 성공할 수 있었다는 내용이

---

04 존 소메즈, 〈커리어 스킬(2019년)

었습니다. 그러고 보니, 그 분은 유명한 재벌가의 자손이었습니다. 집안에서 다양한 전공을 할 수 있도록 생활비며, 교육비를 배려해 줄 수 있었던 겁니다. 하지만 대부분의 사람은 그런 기회를 누리지 못합니다. 나이가 차면 무조건 취업해서 돈을 벌어야 하니까요. 하기 싫은 일이라도, 그냥 해야 합니다.

'기술시대'에는 인간이 시스템의 부품이었으니까 '잘하는 일'을 찾을 필요가 없었습니다. 하지만 '콘텐츠시대'에는 '내재 동기부여'가 가능한 일을 해야 합니다. '잘하는 일'을 찾을 필요가 있는 거죠. 물론 대부분의 부모는 이런 기회를 줄 수 없습니다. 그러니 국가가 나서야 합니다.

재교육, 평생교육의 기회가 확대되어야 합니다. 30, 40대에서라도 다른 직업을 선택할 수 있도록, 50대, 60대에 은퇴해서라도 다시 일할 수 있도록, 교육의 기회가 있어야 합니다. 앞으로 초고령 사회가 도래하고, 더불어서 4차 산업시대를 지나가게 되면, 많은 사람이 할 일이 없는 상황에 이르게 될 텐데요. 교육의 기회가 없으면 그 사람들이 모두 집에서 놀아야 합니다.

온라인 교육에 대한 지원, 재취업 기간의 생계 지원이 필요할 수 있습니다. 또는 아이들의 숫자가 줄어들면서, 문을 닫게 된 대학들을 재취업이나 무상교육을 위해 사용하는 것도 괜찮지 않을까요? 어쨌든, 무상교육의 기회가 최대한 많이 늘어나야 합니다.

조직사회

사회 초년생들을 기초 부품으로 받아들여서, 회사에 필요한 모습으로 깎아내는 과정을 거친 다음, 이들을 회사 시스템에서 사용하다가 60대에 정년퇴직으로 명예롭게 회사에서 내보내는 모습이 1990년대 중반까지 상당히 보편적인 기업 시스템 운영 방식이었습니다. 암묵적으로 회사와 직원들은 한 몸이었고, 직장 상사들은 형님이고 부모였습니다.

1997년 IMF 구제금융 요청 사태는 우리나라에서 130만 명 이상을 길거리로 내몰았습니다. 가족인 줄 알고 목숨을 바쳐 일을 했지만, 기업이 어려우니 이들은 헌신짝처럼 버려졌습니다. 회사 사정에 따라 해고가 가능하다면, 개인 사정에 따라 이직도 가능하다는 생각을 하게 되었고, 이직은 배신 행위가 아님을 알게 되었습니다.

하지만 기업의 구조는 피라미드형을 그대로 유지했습니다. 모든 정보는 피라미드 꼭대기로 밀려 올라가고, 정보를 가진만큼 권한과 결정권을 가졌습니다. 기계의 부품처럼, 맡은 일만 열심히 하면, 시스템 전체가 잘 돌아갈 거라고 기대했습니다.

그러나 그게 안 되는 분야가 있습니다. 바로 소프트웨어 개발 분야입니다. 다른 엔지니어링 분야는 공정률이 정확히 나오는 경우가 많지만 소프트웨어 분야는 그렇지 않았습니다. 작업 자체가 정확히 떨어지지 않고, 작업의 분량도 확정하기 어렵습니다. 단순하게 보이더라도, 이미 작성되어 있는 복잡한 코드에 넣는 작업이라면, 시간이 수십 배로 더 들 수 있거든요. 따라서 작업을 하는 개발자도 정확히 이야기하기 어려울 때가 있습니다. 하지만 관리자 입장에서는 프로젝트를 관리해야 하니, 관리자가 임의로 선정하는 기준에 따라 밀어붙이게 되겠죠.

> "죽음의 행진 관리층이 문제야!
> 관리층이 놀랍도록 단순하다.
> 관리층이 끝내주게 무식하다.
> 관리층이 비극적으로 어리석다.
> 관리층이 비양심적으로 무책임하다
> 관리층이 줏대 없이 우유부단하다."
>
> – 에릭 브리히너, 〈HARD CODE(2009년)〉, 52~53쪽 –

하지만 실리콘 밸리의 기업들은 이와 같은 피라미드식 조직 구조로는 기업이 생존할 수 없음을 알았습니다. 그래서 다른 방식의 조직 구조를 실험했죠.[05] 그리고 상당히 잘 적응한 회사가 나타나기 시작했습니다. 그런 회사 중 넷플릭스가 있습니다. 넷플릭스의 최고 인재 책임자로 일했던 패티 맥코드는 〈파워풀(2020년)〉에서 다음과 같이 이야기합니다.

---

05 심지어, 구글은 관리자들을 전부 없애는 실험을 하기도 했다고 합니다.

> "내가 본, 굉장한 일을 해내는 팀들은 자신들이 달성해야 하는 것이 무엇인지 누구보다 잘 아는 사람들로 구성되어 있었다. 그들은 정교한 절차나 인센티브를 필요로 하지 않았다.
> …
> 회사가 직원들을 어른으로 대할 때, 직원들도 어른으로서 행동한다."
>
> – 패티 맥코드, 〈파워풀〉, 36, 38, 39쪽 중 일부 내용 발췌 –

패티 맥코드의 단순한 고백 속에 엄청난 진리가 숨겨져 있습니다.

첫째, 피라미드 구조에서 부품들은 자신이 달성해야 하는 결과가 무엇인지 알 필요가 없습니다. 주어진 절차만 잘 수행하면 되죠. 하지만 넷플릭스의 팀은 '달성해야 하는 것이 무엇인지 누구보다 잘 아는 사람들'로 구성되었습니다.

둘째, 피라미드 구조에서 '정교한 절차'는 일이 잘 진행될 거라 믿을 수 있는 척도 같은 것입니다. 부품들은 자기가 하는 일이 무엇인지 모르니 '정교한 절차'가 없으면 일을 그르치게 됩니다. 그러나 넷플릭스는 '정교한 절차'가 필요 없었습니다.

셋째, 피라미드 조직 구조에서는 '인센티브'로 동기부여를 합니다. 부품은 단위 업무만을 수행하기 때문에, 일에서 만족감을 느낄 수 없습니다('내재 동기부여'를 하기 어렵습니다). 그러니 다른 방식의 동기부여 즉 '외적인 동기부여'가 필요하고 '외적인 동기부여'의 일반적인 형태는 인센티브입니다. 하지만 목표와 그 결과를 모두 아는 넷플릭스의 직원들은 '내재 동기부여'로 일할 수 있으므로 '인센티브(당근과 채찍)'가 필요 없습니다.

10장에서 언급했듯, '내재 동기부여'는 콘텐츠를 만들어내는 근본적인 동력입니다. 넷플릭스와 실리콘 밸리 기업들은 직원들을 부품에서 '창조자'로 끌어올리고 '콘텐츠'를 만드는 사람으로 대우했습니다. 패티 맥코드의 용어로는 '어른 대접'이죠.

이러한 이야기들은 피라미드식 구조를 당연하게 받아들이던, 우리들 입장에서는 당황스러울 수밖에 없습니다. 하지만 '기술시대'가 서서히 사라져 가고, '콘텐츠시대'로 바뀌게 되면, IT기업뿐만이니라 다른 기업들도 이러한 기업문화를 따르게 될 겁니다.

여기에는 한 가지 더 주의 깊게 지켜봐야 할 부분이 있습니다. 바로 '민주화'입니다. 우리는 지금까지 우리 사회가 자유 민주주의 사회라고 이야기해왔습니다. 정치 체제가 그렇고, 사회가 그렇게 돌아간다고 믿었는데요. 그러나 정말 그렇지는 않습니다. 상당수 기업(조직)의 내부는 독재적인 형태로 움직이거든요.

피라미드 꼭대기에 '토니 스타크'가 있고, 피라미드 아래쪽에는 '인간 자비스'들이 있는 구조입니다. 사실상 자유를 통제당하고 인권을 무시당하기도 하면서, 일했습니다. '인간 자비스'는 대체 가능한 부품으로 보았기 때문이죠.

하지만 4차 산업사회 기술 변화는 '인간 자비스'들을 퇴출시키기 시작할 겁니다. 피라미드 하단이 무너져 없어지게 되고, 조직에 따라서는 (콘텐츠를 주로 다뤄야 하는 조직이라면 특히) 피라미드식 조직구조를 그대로 가져가기 힘들 겁니다.

따라서 '4차 산업사회'를 준비하는 건, '인간 자비스'들만의 몫일 수 없습니다. 피라미드 조직구조를 당연하게 받아들이고, 적응해 왔던 우리 모두가 대응책을 고심해야 합니다. '인간 자비스'들은 '토니 스타크'로 거듭날 필요가 있고, '인간 자비스'를 의지해서 '토니 스타크' 행세를 해왔던 사람들도 진정한 토니 스타크가 되어야 할 겁니다. 무엇보다도 국가는 '포도원 주인'의 관점에서, '인간 자비스'들이 '토니 스타크'가 될 경로를 마련해 두어야 합니다.

그럼 이제 코딩 이야기를 해볼까요?

코딩 작업

첫 번째 다니던 회사에서 있었던 일입니다. 하루는 팀장님의 지시로 후배의 작업을 도와주게 되었습니다. 뭔가 막혀서 작업이 진전되지 않는 상황이었는데요. 후배의 코드를 보니 이유를 알 것 같았습니다. 본인이 짠 코드였지만, 코드 정리를 제대로 하지 않아, 문제가 발생한 곳을 찾을 수 없었습니다. 팀장님에게 자초지종을 설명했더니, 후배의 일을 팀장님이 대신하겠다고 하시며 그 후배에게 코딩을 가르쳐주라고 하셨습니다. 코딩 숙제를 내주고 봐주기를 몇 번 했는데, 그 후배의 표정은 밝지 못했습니다. 그리고 얼마 후 회사를 그만두었고요.

몇 년 후 다른 회사에서 자바스크립트로 프로젝트를 진행하는 중이었습니다. 그 프로젝트는 코드 리뷰[06]를 하게 되어 있었는데요. 한참 제 코드를 설명하고 있는데 프로젝트 리더가 말을 가로막더니, "그렇게 하면, 다른 코드를 복사해서 가져다 넣고 쓸 수 없어요"라고 하는 겁니다.

그 말을 듣고 약간 충격을 받았습니다. 코드를 복사해서 넣고 쓰는 건, 좋은 코딩 습관이 아닙니다. 코드가 점점 더 복잡해지고, 어느 순간부터는 손댈 수 없게 되거든요. 생각이 여기에 이르는 순간 그 후배가 떠올랐습니다. 후배의 코드가 쓸 수 없게 되었던 것도 같은 원인이었을 것이기 때문입니다. 하지만 지금 코드를 복사해서 쓰겠다고 말하는 사람은 프로젝트 리더였습니다. 프로젝트 리더는 소프트웨어 개발을 처음 하는 개발자가 할 만한 비상식적인 행동을 '상식'으로 만들고 있었던 겁니다. 그럼, 비상식적인 행동을

---

[06] 다른 사람의 코드를 확인해주는 일입니다. 2~3명이 모여서 할 수도 있고, 팀이 모여서 할 수도 있습니다. 코드를 작성한 사람은 자기 코드를 다른 사람들에게 설명하고 나머지 사람들은 코드의 문제점을 알려줍니다.

상식적인 행동이라고 생각하게 한 원인은 무엇일까요?

  소프트웨어를 제품으로 보았기 때문입니다. 프로젝트 리더는 소프트웨어가 제품이라고 생각했던 것입니다. '기술시대' 관점으로 소프트웨어 프로젝트를 보고 있었기 때문입니다. 프로젝트는 '코딩기술'로 제품을 제조해 내는 기계적인 행위이기 때문에 제품이 나오는 순간 제품이 제대로 동작하기만 하면 되는 거라 확신하고 있었던 것입니다. 하지만 이런 생각은 소프트웨어 업계가 원래부터 가지고 있던 생각이 아닙니다. 1975년쯤 초판을 출판한 프레더릭 브룩스의 〈맨먼스 미신〉에서 브룩스는 소프트웨어는 '성장'시켜야 한다고 말하고 있거든요. 다시 말해서, 소프트웨어를 제품으로 보는 건, '기술시대'의 관점이, 소프트웨어 개발이라는 특수한 상황을 압도해 버린 결과입니다.

  그러나 '콘텐츠시대'가 시작되고 점점 영향력이 확대되어가고 있습니다. '기술시대'의 비정상적인 관점으로 소프트웨어를 대하던 방식은 원래 소프트웨어 개발에 맞는 방식으로 바뀌어갈 겁니다. 소프트웨어는 '공장의 제품'이 아니라 정원의 나무입니다. 개발자는 소프트웨어를 성장시키는 사람이고요.

개발자의 콘텐츠

8장에 언급했던, '스택오버플로'의 공동창업자, 조엘 스폴스키와 제프 앳우드는 공통점이 있습니다. 바로 유명한 블로거라는 것인데요.[07] 두 분 모두 블로그 글을 모아서 책으로 출판하기도 했습니다. 먼저 조엘 스폴스키는 〈조엘 온 소프트웨어(2005년)〉, 〈똑똑하고 100배 일 잘하는 개발자 모시기(2007년)〉를 냈습니다. 제프 앳우드 역시 〈코딩 호러의 이펙티브 프로그래밍〉, 〈코딩 호러가 들려주는 진짜 소프트웨어 개발 이야기〉를 냈고요.

조엘과 제프가 만든 '스택오버플로'는 소프트웨어 개발자에게 엄청난 도움이 된 서비스입니다. 스택오버플로가 소프트웨어 개발자들의 코딩 방식을 바꾸었다 해도 과언이 아니거든요.

원래 소프트웨어 개발을 하려면 기본적으로 두꺼운 책 세 권이 필요했습니다. 프로그래밍 언어 문법책, 가장 많이 사용하는 라이브러리[08]에 대한 책, 그리고 예제를 다루는 책입니다. 이런 책들이 없으면, 코딩하기가 힘들고 간혹 불가능한 경우도 발생했습니다. 코딩을 하다가 책을 펼쳐서 문법을 확인하고 다시 코딩하거나 라이브러리와 예제에 대한 책을 찾아보는 일이 은근히 잦았습니다.

---

07 https://www.joelonsoftware.com/, https://blog.codinghorror.com/
08 프로그래밍 언어 자체에서 제공해주지 않는 기능을 제공하는 코드 뭉치입니다.

가끔 알 수 없는 오류가 발생해서, 찾다가 찾다가 결국 포기하고 넣었던 코드 일부를 삭제해 버리는 경우도 있었고요.

하지만 스택오버플로가 세상에 나온 후에는 이런 일이 모두 사라졌습니다. 구글 검색창에 내가 짜야하는 코드의 키워드 몇 개를 넣어서 검색하면 단박에 스택오버플로에 게시된 글이 화면에 뜨니까요. 아래 그림은 구글에서 'christmas tree javascript'로 검색한 내용입니다.

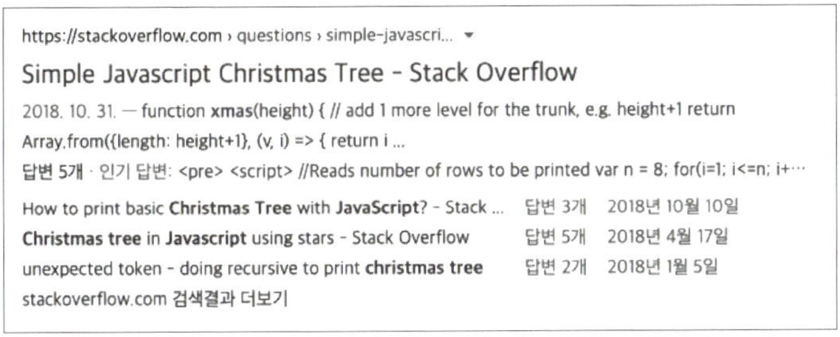

```
https://stackoverflow.com › questions › simple-javascri...
Simple Javascript Christmas Tree - Stack Overflow
2018. 10. 31. — function xmas(height) { // add 1 more level for the trunk, e.g. height+1 return
Array.from({length: height+1}, (v, i) => { return i ...
답변 5개 · 인기 답변: <pre> <script> //Reads number of rows to be printed var n = 8; for(i=1; i<=n; i+···
How to print basic Christmas Tree with JavaScript? - Stack ...    답변 3개    2018년 10월 10일
Christmas tree in Javascript using stars - Stack Overflow       답변 5개    2018년 4월 17일
unexpected token - doing recursive to print christmas tree      답변 2개    2018년 1월 5일
stackoverflow.com 검색결과 더보기
```

[그림 11-3] 구글에서 'christmas tree javascript'로 검색한 내용

내가 필요한 질문은 대부분 누군가가 했고, 또 다른 누군가가 이미 질문에 대한 대답을 했습니다. 게다가 답변도 여러 개라서 득표를 더 많이 받은 답변을 내 코드에 적용할 수도 있고요.

그럼, 조엘과 제프는 어떻게 이런 기발한 사업을 할 생각을 했을까요? 제프 앳우드는 〈코딩호러의 이펙티브 프로그래밍〉에서 다음과 같이 이야기했습니다.

"… 자기가 스스로 선택한 일에 능통해지는 방법은 뭘까? 블로그를 운영하는 것이 한 가지 방법이다.
… 내 경험에 의하면 글을 명확하게 하는 것은 자신의 내면적 사고의 흐름을 명확하게 하는 데 도움을 준다."

- 제프 앳우드, 〈코딩호러의 이펙티브 프로그래밍(2013년)〉, 30쪽 -

제프 앳우드의 말을 그대로 받으면, 조엘과 제프의 통찰력은 블로그 쓰기에서 온 것입니다. 그러고 보니, 공교롭게도 두 사람 모두 엄청나게 유명한 블로거이고, 그 유명한 글들을 책으로 출판한 사람들이네요.

스스로에게 변화를 주고 싶다면, 블로그를 해야 합니다. 매일 읽고, 매일 쓰기를 반복해야 합니다. 코딩을 하며 살아간다 하더라도, '콘텐츠시대'에 자기 자신을 찾으려면 블로그를 해야 합니다. 이를 발판으로 자기 콘텐츠를 만들어가야 합니다. 독창적이고 독보적인 콘텐츠를 찾아가야 합니다.

조엘 스폴스키나 제프 앳우드는 IT 전반적으로 깊은 통찰력을 보이는 블로그를 쓰는데요. 마틴 파울러의 블로그[09]를 보면 소프트웨어 분야의 주요 아키텍트에 대해 명확하게 정리합니다.[10]

〈클린 코더〉로 유명한 로버트 C 마틴의 경우도 블로그가 있는

---

09 https://martinfowler.com/
10 저는 IT 용어 중에 본질에 대한 정리를 알고 싶을 때는 가끔 마틴 파울러의 블로그에서 그 용어를 찾아보기도 하거든요.

데요. 애자일과 클린코더에 대한 이야기가 있더군요.[11]

우리나라에도 꽤 유명한 블로거가 많습니다. 특정 영역의 기술을 공부하면서 블로깅하기도 하고, 자기가 만든 솔루션을 설명하는 글을 쓰기도 합니다. 가끔 해외 유명 블로거의 글을 번역하거나 해외 유명 강의를 정리하는 블로거도 눈에 띕니다.

깃허브github를 사용하는 분도 꽤 많습니다. 깃허브에 직접 블로그를 설정할 수 있는데요. 이를 설정해서 블로그를 하거나 또는 개인 프로젝트를 깃허브에 올립니다. 또한 강의 사이트나 유튜브, 팟캐스트에 콘텐츠를 쌓아가는 개발자도 많아졌습니다.

기술시대에 중요한 건, "무얼 할 수 있느냐"였습니다. 콘텐츠시대에 중요한 건, 어떤 "콘텐츠를 가지고 있느냐"가 되겠죠. 그러니 코딩하는 사람 입장에서도 자기 콘텐츠를 확보해나가는 노력을 해야 합니다. 그 첫 번째 단계가 블로그입니다. 블로그를 시작하고, 매일 쓰고, 읽기가 익숙해지면, 자신만의 콘텐츠가 무엇인지 깨닫게 될 겁니다. 그러면 자신만의 콘텐츠를 쌓아갈 수 있는 플랫폼을 선택해서 쌓아나가면 됩니다.

이제 다음 장에서는 이 책의 전체 이야기를 정리하겠습니다.

---

11 https://blog.cleancoder.com/

코딩의
미래

12장

코딩의 미래

밀레니엄 버그

1990년대에 접어들기 전까지는 컴퓨터 바이러스는 호기로운 개발자들이 자기 능력을 과시하는 수단이라 여겨졌습니다. 하지만 1990년대에 접어들면서, 컴퓨터 바이러스로 무시하지 못할 경제적 피해가 발생하기 시작했고, 애들 장난으로 치부할 수 없는 상황에 이르게 됩니다.

그 시동을 건 '미켈란젤로 바이러스'[01]였습니다. 미켈란젤로 바이러스는 1990년대 초반에 만들어졌는데요. 미켈란젤로 생일인 3월 6일 아침에 컴퓨터를 켜면 컴퓨터가 먹통이 되도록 만드는 바이러스였습니다.

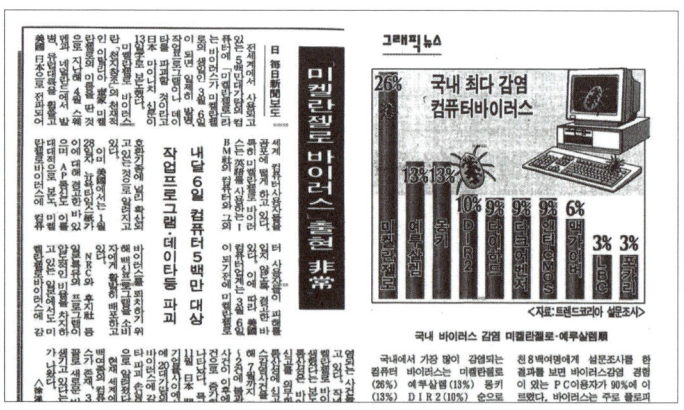

[그림 12-1] 미켈란젤로 바이러스 관련 기사(한겨레신문 1992년 3월 6일자 7면)

---

01 https://ko.wikipedia.org/wiki/미켈란젤로_(컴퓨터_바이러스)

당시 언론에서는 이를 대대적으로 보도했습니다. 피해도 대규모였고, 다양한 곳에서 발생했기 때문이죠. 미국 상원의원 사무실부터 금융회사 그리고 남미에서는 군사정보가 있는 컴퓨터도 피해를 입었다고 했습니다.

미켈란젤로 바이러스는 시작에 불과했습니다. 그 이후 다양한 바이러스가 기승을 부렸고, 1990년대 내내 IT업계를 긴장시켰습니다. 그러던 어느 날, '밀레니엄 버그[02]'라는 용어가 텔레비전 뉴스를 통해 흘러나오기 시작합니다.

컴퓨터 메모리가 부족하던 시절에 만들어진 프로그램들은 날짜를 다룰 때 연도의 앞자리 두 개를 생략하곤 했습니다. 메모리가 비쌌기 때문에 그것만이라도 아끼려 했던 건데요. 예를 들어 1988년은 88로 바꾸어 쓰는 식이었습니다. 하지만 이게 2000년으로 넘어가면 문제를 일으키는 요인이 됩니다. 날짜가 1900년으로 거꾸로 가게 되기 때문이죠. 그렇게 되면, 숫자 계산이 잘못되는 것뿐 아니라 시스템이 멈출 수도 있다고 했습니다.

1990년대 내내 컴퓨터 바이러스에 시달림을 받았던 사람들은 광분하기 시작했습니다. 프로그래머들이 크게 잘못했다는 사회적 분위기가 형성되었고, 심지어 전 세계가 멈춰버리고 문명이 후퇴할 위기에 놓였다고 보는 사람도 있었습니다.

---

02 https://ko.wikipedia.org/wiki/2000년_문제

물론, 전혀 근거 없는 이야기는 아니었습니다. 일단 금융업계는 이자나 보험금 산정에 문제가 발생할 겁니다. 철도를 비롯한 교통 분야도 차량 배차 시스템이 깨지겠죠.

유전회사도 영향을 받는데요. 〈코드와 살아가기〉의 엘런 올먼이 '텍스코'라는 원유 회사를 취재한 내용을 보면, 밀레니엄 버그로 인해 송유관 관제 시스템이 멈출 수 있고, 관제 시스템 복구가 네 시간 안에 이루어지지 않으면, 법적으로 원유 생산을 중단해야 한다고 했습니다. 원유 생산의 중단은 휘발유 생산의 중단으로 이어지고 산업계를 멈출 수도 있겠죠.

하지만 이러한 사태는 모든 상황이 최악의 조건으로 맞물려가야 생기는 일들입니다. 문제를 알아냈고, 모두가 노력해서 해결해 나가고 있었으니 호들갑 떨 필요는 없었습니다. 그러나 비판하는 사람들은 이런 상황을 모르는 척했습니다. 마치 그동안 컴퓨터 바이러스 때문에 쌓인 스트레스를 밀레니엄 버그 쪽으로 쏟아내는 것 같았습니다.

> "'어른의 관리 감독 없이 일하는 개발자는 없어야 한다!' 독일 모건 그렌펠의 최고 경제 전문가이자 저명한 주식 투자 분석가인 에드워드 야데니는 열변을 토했다."
>
> - 엘런 올먼, 〈코드와 살아가기〉. 98쪽 -

하지만 밀레니엄 버그는 버그가 아닙니다. 프로그램은 프로그래머들이 설계한 대로 동작하고 있었으니까요. 밀레니엄이라는 말도 사실은 정확하지 않습니다. 2001년에 문제가 발생하는 시스템도 많았다고 하니까요. 그래서 여기부터는 'Y2K 이슈'라고 바꿔서 쓰겠습니다.

Y2K 이슈의 근본적인 원인은 개발자가 아니라 경영진에게 있었습니다.

첫째, 개발자들이 연도를 4자리가 아니라 2자리로 끼워 맞췄던 이유는 그만큼 메모리가 없었기 때문입니다. 메모리가 비싼 시절이었고, 충분히 메모리를 쓸 수 없었기 때문이죠. 프로젝트 예산을 그렇게 만든 건, 경영진들이었습니다.

둘째, 혹시 메모리 가격 때문에 어쩔 수 없었다 하더라도, 메모리가 싸지고 난 다음에도 Y2K 이슈가 문제가 될 때까지 방치했던 것 역시 경영진들이었습니다.

반면, 개발자들은 열악한 메모리를 가지고도 돌아가는 프로그램을 만들었고, 심지어 2000년대가 될 때까지 무리 없이 동작하도록 해놨습니다. 수십 년을 동작하는 프로그램을 짰다는 건 소프트웨어를 잘 만들었다는 것입니다. 그러므로 앨런 올먼이 인용한 '에드워드 야데니'의 발언은 손봐야 합니다. "어른이랍시고, 개발자들을 관리 감독하려 해서는 안 된다." 이렇게요.

그럼, 에드워드 야데니는 어떤 근거로 '어른의 관리 감독'이 필요하다고 생각했을까요? 우리가 11장에서 다루었던 이야기에 그 열쇠가 숨어 있습니다. 11장에서 우리는 '콘텐츠시대'를 적응한 넷플릭스에서는 '정교한 절차'가 필요 없다고 이야기했거든요.

에드워드 야데니는 문제가 생긴 건 '정교한 절차'를 따르지 않았기 때문이라고 판단한 겁니다. 그래서 그런 말을 했던 거죠. 에드워드 야데니는 넷플릭스가 깨달았던 것을 깨닫지 못했던 겁니다.

많은 사람의 우려와는 다르게, 별다른 문제없이, 조용히 2000년 새해가 밝았습니다. 그리고 그 후로 지금까지 20여 년간 하드웨어, 소프트웨어 분야는 눈부신 발전을 했고, 많은 플랫폼이 인터넷에 생겼으며, 인터넷 공룡이 세상의 모든 것을 빨아들이는 상황이 되었습니다. 20년 전, 어른의 관리 감독을 받아야 한다는 말을 들었던 젊은 개발자들은 피라미드식이 아닌 다른 조직 관리 방식으로 자기들 회사를 IT 공룡으로 키웠고, 회사의 경제적 규모는 웬만한 국가를 뛰어넘을 정도가 되었습니다.

애플

2022년 1월 초, 우리나라 모든 신문은 애플의 시가 총액이 3조 달러(약 3580조5000억 원)를 돌파했다는 소식을 전했습니다. 한 기업의 주식 가치가 3조 달러를 넘은 것은 애플이 처음이라고 하네요. 이는 영국의 GDP보다 많다고 하니, 미국의 기업 하나가 대영제국을 따라잡은 셈입니다. 심지어 1997년 스티브 잡스가 애플에 복귀했을 당시 애플은 파산 직전이었습니다. 근 25년 만에 완벽하게 전세를 역전한 거죠.

스티브 워즈니악과 더불어 애플을 설립한 스티브 잡스는 정말 대책 없고 말 안 들을 것 같은 젊은이의 전형이었습니다. 젊은 시절 잡스는 히피 문화에 심취했고 채식주의자로 살았는데요. 채식을 하면 몸에서 냄새가 나지 않는다는 이상한 논리로 몸을 씻지 않았다고 하네요. 그래서 (게임회사인) '아타리'에 근무할 때는 다른 직원들에게 피해가 되지 않도록 밤에 출근하도록 했다는군요.

하지만 제품에 대한 잡스의 집념은 남달랐습니다. 죽기 바로 전날까지 차세대 아이폰에 대한 아이디어 회의를 할 정도였다니까요. 특히 매킨토시를 만든 후, 매킨토시 뚜껑 안쪽에 매킨토시를 개발했던 사람들의 이름을 새겨 넣었다고 하는데요. 그건, 스티브 잡스가 매킨토시를 '제품'이 아닌 '예술품'으로 보았기 때문입니다.

애플이 MP3 시장에 진입하기 시작한 건, 경쟁사보다 2년이나 늦은 시점이었습니다. 이미 경쟁사는 5GB 용량의 MP3를 만들어서 판매하고 있었지요. 이때 비슷한 용량의 MP3를 만들어서 시장에 내놓으며 애플이 사용한 광고 카피는 '주머니 속에 노래 1000곡'

이었습니다.

사이먼 사이넥은 〈나는 왜 이 일을 하는가(2018년)〉에서 두 광고 카피의 차이를 '무엇을'과 '왜'의 차이로 설명했는데요. 우리는 이를 '기술시대'와 '콘텐츠시대'의 차이로 이야기해 보겠습니다.

'기술시대' 관점은 '기술'을 중시하기 때문에 MP3에 집약된 '기술'의 결과(5GB)를 광고 카피로 사용했습니다. 그러나 콘텐츠시대 관점은 MP3가 제공하는 콘텐츠에서 광고 카피를 얻어내야 합니다. MP3가 제공하는 콘텐츠는 "자유롭게 어디서나 원하는 음악을 듣는다"는 것입니다. 그러니, 광고 카피가 '주머니 속에 노래 1000곡'이 될 수밖에 없습니다.

스티브 잡스는 매킨토시를 만들었던 당시나, 아이폰을 만들었던 최근에 이르기까지, 항상 콘텐츠에 집중하도록 회사를 이끌었습니다. 하지만 매킨토시를 만들었던 직후(1987년) 스티브 잡스는 애플에서 쫓겨났습니다. 1997년 복귀 후엔 그렇게 큰 인기를 끌었는 데 말이죠. 이건, 다분히 시대의 변화에 따른 결과인 것 같습니다. 매킨토시를 만들었던 시대, 잡스의 콘텐츠 위주의 관점은 '회사의 위험요소'로 받아들여졌습니다. 그러나 10년 후 세상이 변화하며, 잡스의 콘텐츠 위주의 관점은 '회사의 성공요인'이 된 것입니다.

지금까지 이 책에서 우리가 나눈 이야기들을 모아 보면, 콘텐츠는 세 가지 기본적인 특징이 있습니다.

첫째, 플랫폼 위에서 유통됩니다.

둘째, '내재 동기부여'가 생산의 원동력입니다.

셋째, 성장합니다.

그런데 코드도 위의 특징이 같습니다. 코드에 대한 이야기를 조금만 더 하겠습니다.

콘텐츠 코드

'그림'과 '글'은 컴퓨터가 있기 전부터 있던 창작물이었습니다. 코드가 콘텐츠라면 그림과 글에서 비슷한 점을 찾을 수 있지 않을까요?

〈해커와 화가(2014년)〉의 저자 폴 그레이엄은 컴퓨터와 미술을 전공했습니다. 〈해커와 화가〉는 남다른 통찰력이 가득한 책인데요. 책을 읽다 보면, 폴 그레이엄이 '그림' 그리기의 통찰력을 프로그래밍 분야에서도 발휘하고 있음을 느끼게 됩니다.

제 경우는, 옛날 미술 선생님이 해주신 조언을 코딩에서 써먹고 있습니다. 중학생 시절, 하루는 미술실에서 그림 그리는 저에게 선생님이 말씀하셨습니다. "다음에 무얼해야 할지 모르면, 몇 걸음 뒤로 물러서서 보면 돼." 아마도 제가 이젤 앞에서 멍하니 앉아있는 모습을 보셨던 모양이었습니다. 신기하게도 선생님 말씀처럼 몇 걸음 뒤로 떨어져서 보니, 다음에 어디에 붓을 대야 하는지 알겠더군요. 그 후로 뭘 할지 모르겠다면 몇 걸음 뒤로 떨어져 보는 습관이 생겼습니다.

몇 년 뒤에 개발자가 되어 회사에서 코딩을 하고 있었는데 문득 선생님 말씀이 떠올랐습니다. 그때도 뭘 해야 할지 몰라서 멍하니 있었거든요. 그래서 키보드에서 손을 떼고 일어섰습니다. 그렇게 떨어져서 모니터를 보고 있으니, 신기하게도 다음에 뭘 해야 할지 알겠더군요. 그 다음부터는 코딩하다가 막히면 키보드에서 손을 떼고 일어서는 버릇이 생겼습니다.

한편, 글 쓰는 것도 코딩과 흡사한 면이 있습니다. 저는 꽤 오래 블로그를 해왔는데요. 블로그에 글을 쓰다 보면 글쓰기가 코딩하는 것과 비슷하다고 느껴질 때가 많습니다. 그걸 꼬집어서 표현하기 애매했을 뿐인데요. 근래 〈글쓰기 생각쓰기〉라는 책을 읽다가 표현할 아이디어를 얻었습니다.

〈글쓰기 생각쓰기〉의 저자는 책 말미에 글쓰기에 대해 조언하고 있습니다. 수동 동사를 쓰지 말고, 부사를 쓰지 않으며, 수식어를 쓰지 말고 문단은 짧게 구성하라는 것들이죠. 이러한 금언들을 한 문장으로 압축할 수 있습니다. "문장은 단 하나의 의미만을 전달해야 한다." 줄여서 '단일 의미 원칙'이죠. 객체지향 설계 기법에

는 '단일 책임 원칙'이라는 게 있거든요.[03]

'단일 의미 원칙'을 풀어보면 다음과 같이 됩니다.

첫째, 수동 동사를 쓰지 않는 것, 수동 동사를 쓰면, '수동의 의미'가 추가됩니다. 문장이 전달하고 싶은 의미가 수동적이지 않으면, 수동 동사를 쓰면 안 되겠죠.

둘째, 부사를 쓰지 않는 것, 부사는 문장 내에 요소를 꾸며주며 요소에 의미를 추가하는 역할을 합니다. 전달하는 의미는 하나여야 하니 부사를 쓰면 안 됩니다.

셋째, 수식어를 쓰지 않는 것, 수식어를 쓰면 그만큼 다른 의미가 추가됩니다. 역시 안 됩니다.

넷째, 문단은 짧게 구성하는 것, 문단이 길어지면, 문단에 속한 문장이 많아지고, 각 문장이 단일한 의미를 가지고 있다 하더라도, 긴 문단이 각 문장의 의미를 희석시키게 됩니다.

이외에도 상당히 많은 부분에서 글쓰기와 코딩이 개념적으로 연결되는 경우가 많은데요. 그건 아마도 글쓰기는 저자의 생각을 표현한 것이고, 코딩은 개발자의 문제해결 방식이라서 그럴 겁니다.

마지막으로 한 가지 더 할 이야기가 있습니다. 코딩을 하는 인

---

03 로버트 C 마틴이 《클린 소프트웨어(2017년)》 124쪽에서 정리한 객체지향 설계 규칙입니다. "한 클래스는 단 한 가지의 변경 이유만을 가져야 한다"라고 선언하고 있는데요. 클래스의 책임이 하나라면, 변경 이유가 하나가 되겠죠.

공지능에 대한 연구가 많이 진행되고, 성과도 꽤 나오고 있는데요. 이건 우리가 어떻게 받아들여야 할까요?

코딩의 미래

(11장에서는 언급했던) "복사해서 붙이기" 코딩을 다시 생각해보겠습니다. 코딩을 제품 제조 과정으로 여기고 결과물을 제품으로 여기는 '기술시대 관점'에서 코딩에 어떤 의미를 부여하는 건, 바보 같은 짓입니다. 어차피 결과물에 요구되는 기능만 제대로 동작하면 코드가 어떻게 되던 중요하지 않으니까요. 이론적으로는 "복사해서 붙이기"가 코드를 망치는 방법일지 모르지만 당장 마감시간에 맞추려면 별수 없다고 생각하며, 심지어 그걸 다른 개발자에게 강요하기도 합니다.

하지만 "복사해서 붙이기" 코드는 '자비스의 코드'입니다.

인공지능 자비스가 코딩을 하게 된다면, 그건, 인터넷에 축적된 코드 데이터로 학습시킨 결과일 겁니다. 학습 데이터가 된 코드 데이터가 원본이고 인공지능이 만들어낸 코드가 결과가 되겠죠. 근본적으로 복사 원본이 아주 많은 '복사해서 붙이기 코드'입니다.

그렇다면 복사해서 붙이기로 코딩하는 개발자들의 경우에는 미래 어느 시점에는 인공지능 자비스와 일자리 다툼을 벌이게 될지도 모른다고 봐야 합니다.

　인공지능 자비스는 콘텐츠 코드를 만들어낼 수 없습니다. 글쓰기와 그림 그리기에서 얻어낸 콘텐츠적인 노하우를 코드에 적용할 수 없습니다. 정해진 목표에 따른 최종 결과물을 만들어 내는 것은 하겠지만, 나무를 성장시키듯 코드를 성장시켜나가는 것은 인공지능 자비스의 몫이 아닙니다.

　따라서 지금 우리가 코딩을 배우기 시작한다면, '성장하는 콘텐츠 코드'를 작성하는 방법을 배워야 합니다. 아이들에게 코딩을 가르친다 해도, '코딩 기술'에 머무르지 않고, 코드를 콘텐츠로 확장시킬 수 있도록 도와주어야 합니다.

　코딩을 콘텐츠 창조의 수준으로 끌어올리려면, 습관적인 책 읽기가 필요합니다. 매일매일 글쓰기가 필요합니다. 푸앵카레처럼 '직관적 사고'를 사용해서 '혁신'할 수 있는 개인적인 방법을 만들어 내야 합니다.

　우리는 장기판 위에 장기알이 아니라 장기꾼으로 인생을 살만한 충분한 가치가 있는 사람들이기 때문입니다.

에필로그

사회 변화

꽤 오래전에 직장인 대상으로 '인터넷 활용 교육' 강사를 했습니다. 한 번은 수강생 한 분이 손을 들더니 다음과 같이 말씀하더군요.

"죄송하지만, 전문 용어는 좀 자제해주면 안 될까요?"

그분이 말씀하신 전문용어는 '클릭', '더블클릭'이었습니다. 저는 최소 그 정도의 용어는 알 것이라고 생각했는데, 그게 아니었던 거죠.

그로부터 20년쯤 시간이 지났습니다. 아마 지금쯤이면 그분도 스마트폰으로 인터넷을 사용할 수 있게 되었을 겁니다. 그동안 세상이 많이 변했고, 이제 인터넷은 스마트폰 안으로 들어왔으며, 배울 필요가 없을 정도로 일상화되었기 때문입니다.

그런데요. 그 직장인 수강생의 시간을 거꾸로 돌려보면 어떨까요? '클릭'이라는 용어가 낯설었던 시점부터 지금까지 온 만큼, 과거로 가는 거죠. 그럼 대충 1980년대 초 중반쯤이 될 텐데요. 사실 그때는 전자계산기를 가진 사람도 드물던 시대였습니다. 그 직장인 수강생이 당시에 학원을 다녔다면, '인터넷 사용 교육'을 받는 학원이 아니라 주산이나 부기 학원을 다녔겠죠.

자! 이제, 시간을 미래로 보내보죠. '클릭'이라는 용어가 낯설었던 시점부터 지금까지 온 만큼 미래로요. 2040년쯤 되겠네요.

미국의 테슬라는 2021년에 2023년쯤 운전대가 없는 자동차를 만들어내겠다고 공언했습니다. 테슬라의 계획대로 이뤄진다면, 아마, 2040년에 도로 위를 다니는 자동차 대부분은 운전대가 없을 겁니다. 그렇게 대부분의 자동차가 자율주행으로 바뀌면, 여러 가지 긍정적인 결과가 예상되는데요. 가장 눈에 띄는 건, 교통사고 사망률 감소와 도로 확장에 들어가는 예산을 줄일 수 있다는 것입니다.

전 세계적으로 매년 135만 명이 교통사고로 목숨을 잃는다고 하네요. 교통사고의 대부분은 인간의 부주의 때문에 발생합니다. 그런데 인간이 자동차를 운전하지 않는다면, 인간의 부주의로 사상자를 내는 일은 사라지겠죠.

자동차가 늘어나면 도로를 유지·보수·확장하는 비용이 늘어나게 되는데요. 그중 도로를 확장하는 데 필요한 예산이 어마어마하게 클 것입니다. 그런데요. 도로가 왜 정체되는지 곰곰이 생각해 본 적이 있나요? 도로가 정체되는 원인은 교통량이 많아서이기도 하겠지만 더 근본적으로는 도로 위 자동차의 속도가 다르기 때문입니다. 만약, 정확하게 같은 속도로 도로를 달린다면, 도로는 정체되지 않습니다. 공장에 컨베이어벨트가 멈추지 않는 것과 같은 원리죠. 모든 자동차가 자율주행을 한다면, 그리고 자율주행 자동차가 법정 속도를 정확하게 지키게 프로그래밍하면, 정부는 도로 확장에 쓰이는 엄청난 예산을 다른 쪽으로 쓸 수 있게 될 겁니다.

그런데요. 이렇게 좋은 점만 있는 건 아닙니다. 우리 사회에는 '운전 기술'로 생계를 유지하는 사람이 많기 때문인데요. 자율주행 자동차가 대부분을 차지하는 2040년에는 아마 '운전 기술'로 생계를 유지하는 분의 상당수가 일자리를 잃게 될 것입니다.

그럼, 한 걸음 더 들어가 보죠. '운전 기술'만 이런 상황에 놓이게 될까요? 4차 산업은 우리가 아는 모든 '기술직'의 생계를 위협하는 '변화'입니다. 자동차 운전을 자동으로 할 수 있는 시대가 된다면, 그 시내에 자동화시키지 못하는 기계는 얼마나 남게 될까요? 아마 상당히 많은 제조 공장, 아마도 80~90% 이상이 자동화될 것입니다. 역시 많은 사람이 일자리를 잃게 되겠죠.

그다음은 어떤 일이 일어날까요? 물론, 기술변화에 따라 산업 사회에 변화가 일어나면 많은 직업이 없어지지만 그만큼 많은 직업이 생겨나서 우려하는 상황은 발생하지 않을 꺼라 내다보는 분도 있을 겁니다. 과거에도 그랬다고 들었고요. 하지만 정말 그런 안정적인 전환이 일어났었는지는 고민해볼 필요가 있었습니다. 예를 들어, 한참 목화 수확 기계가 미국 남부에 보급되던 시절, 500만 명에 달하는 흑인들이 북부로 이주하는 사건이 일어났다고 하는데요. 당시 북부에서는 공장들이 생겨나고 자동차 산업이 크게 일어나던 시대였습니다. 당연히 흑인들이 자동차 공장에 취직할 수 있었을 거라 기대할 수 있겠지만, 현실은 그렇지 못합니다. 20여 년이 지난 다음 보니 100명이 되지 않은 흑인들만이 자동차 회사에 취직할 수 있었다고 하네요. 아마 대부분의 흑인들은 단순한 일을 하는 노무자로 전전하다가 수명을 다했을지도 모릅니다. 당시는 인간의 평균 수명이 그리 길지 않았을 때고, 평생 목화를 따던 흑인들이라면, 그리 오래 살지도 못했을 테니까요.

그러나 이번엔 다릅니다. 인간의 평균수명이 꽤 많이 늘어났거든요. 아마 당시 흑인보다 평균 30년은 더 살게 되었을 겁니다. 그럼, 4차 산업시대 변화로 직장을 잃은 사람들은 40년 이상 더 생존한다고 봐야 합니다. 그들과 그 가족들은 누가 부양해야 하는 걸까요? 이런 상황인데, 옛날에도 별다른 문제가 없었으니 이번에도 그러할 거라 기대하는 건, 잘못 판단하는 겁니다. 극단적인 빈곤층이 사회 대다수를 차지하고 그들이 소비능력이 사그라드는 만큼 시장경제는 크게 위축되어 갈 겁니다. 이는 곧 사회문제가 되고 국가의 존폐 위기로 진행되겠죠.

2040년, 그 시대는 그리 유쾌한 시대가 아닐지도 모릅니다.

콘텐츠 사회

지금까지 우리는 모든 조직을 시스템으로 이해했습니다. 기업 조직도 시스템이고, 국가 조직도 시스템이고, 과거 식민지 운영도 시스템적으로 했더랬습니다. 시스템을 이루는 사람들은 시스템의 부품으로 여겨졌는데요. 사람들은 자기가 가진 '기술'을 시스템의 일부가 되어 발휘하고, 시스템은 그 결과들을 모아 시스템의 목표를 달성하는 방식이었습니다.

그런데 그 '기술'이 자동화되는 사회가 도래하는 겁니다. 기술이 자동화되면, 시스템이 인간 부품을 사용할 이유가 없어집니다. 게다가 조직을 시스템으로 보고 운영하는 것도 사실 필요가 없습니다. 여기에 사물인터넷(IoT) 기술이 가세하면, 조직의 목표와 추구하는 것들을 모두 인터넷 플랫폼이라는 틀에서 관리할 수 있는 길이 열립니다. 인터넷 플랫폼에 모든 산업이 종속적으로 끌려들어가게 되겠죠. 이렇게 되면, 기술이 인간의 정체성을 대변하는 시대는 종식될 겁니다. 사람을 시스템의 부품으로 여기는 사고방식도 사라지게 될 것이고요.

결국, 인터넷 플랫폼이 시스템 관점을 몰아내는 계기가 되겠죠. 그런데요. 인터넷 플랫폼은 '콘텐츠'를 유통하는 주체입니다. 현시점에서 우리가 볼 수 있는 건, 유튜브 같은 플랫폼입니다. 유튜브는 동영상 콘텐츠를 유통하는 플랫폼인데요. 유튜버들은 자기가 가진 창의력과 지식을 버무려서 콘텐츠를 만들고, 유튜브 플랫폼으로 유통합니다. 앞으로 다양한 역할을 하는 인터넷 플랫폼이 우리 앞에 나오게 될 겁니다. 동영상이나 블로그의 글을 넘어서는 전문적인 콘텐츠가 인터넷 플랫폼으로 유통될 텐데요. 전문적인 지식, 창의적인 결과물, 예술성을 담보한 콘텐츠가 현재 우리가 보는 유튜브 동영상처럼 다양한 인터넷 플랫폼 위에서 유통될 겁니다.

그럼, 회사의 모습은 어떻게 될까요? 지금까지 회사가 직원을 고용하는 건, 부품을 수급하기 위함이었습니다. 시스템을 돌려야 하니까요. 하지만 앞으로 고용은 부품 수급의 목적이 아닙니다. 전문적인 사람을 불러들여서 자사의 플랫폼을 구축하고 유지하는 일을 맡기려 할 것입니다. 그럼 그 전문가들은 무엇을 기준으로 회사에 고용될까요? '기술'일까요? 제가 보기엔 '기술'만으로는 부족할 것 같습니다. 현시점에서도 단순히 뭔가를 할 수 있다는 것보다 그 분야의 경험이 얼마나 있는지를 중요하게 여기는 경우가 많은데요. '경험'은 결국 '콘텐츠'입니다. 전문가로서 스스로 구축해온 '콘텐츠'가 회사가 추구하는 비전과 결을 같이 할 때, 그 전문가를 영입해서 회사의 플랫폼을 구축하는 일을 맡길 수 있을 테니까요.

미래 전문가들은 자신의 콘텐츠를 개발하고 키워가는 데 필요한 기술을 연마하는 사람입니다. 여기에 창의성이 필요하고 협력적 관계가 필요합니다. 지식과 전문성도 필요하죠.

회사가 직원들을 부품으로 대할 때는 자유를 박탈하고 세세한 제어를 통해 회사의 목표를 이루려는 성향을 보였습니다. 하지만 콘텐츠를 가진 전문가를 영입해서 플랫폼 구축이라는 업적을 맡기려면, 충분히 자유를 주고, 책임져야 하는 게 무엇인지 상기시키며, 회사의 비전과 전문가의 비전이 같은 방향을 보도록 지속적으로 소통해야 합니다. 회사가 원하는 목표를 이루면 아낌없이 팀을 해체하고 전문가는 다른 회사의 목표에 참가하고, 회사는 또 다른 목표를 만들어내는 식으로 운영되겠죠. 이러한 기업 운영형태는 지금도 넷플릭스 같은 회사들에서 엿볼 수 있습니다.

결국, 미래엔 모든 것이 '콘텐츠'가 될 것입니다. 인간의 정체성도 '기술'이 아니라 '콘텐츠'에서 찾는 시대가 될 것이고, 회사도 '기술'이 아니라 '콘텐츠'를 보고 직원을 영입할 겁니다.

코딩 콘텐츠

이런 상황에서 '코딩 기술'을 배우는 건, 특히 미래를 위해 '코딩 기술'을 배우는 건 큰 의미가 없어 보입니다. 콘텐츠가 없는 코딩 기술은 쓸모없기 때문입니다. 자기 콘텐츠를 구축할 준비를 하도록 우선순위를 조절할 필요가 있습니다.

당장 취업을 해야 하기 때문에 '코딩 기술'을 배워야 한다면, 30년 후에 지금 배운 기술로 자기 '콘텐츠'를 구축할 수 있을지를 자문

해야 합니다. 코딩하는 인간 자비스는 쓸모없는 시대가 가까운 미래에 도래할 것이기 때문입니다.

그럼 현업에 있는 우리는 어떻게 해야 할까요? 〈죽을 때까지 코딩하며 사는 법〉에서 우리는 '모닥불 개발자'에 대한 이야기를 나누었습니다. '촛불 개발자'는 '인간 자비스' 같은 개발자입니다. 물론, 한동안은 할 일이 있겠지만, 분명 '인간 자비스'의 입지는 점점 줄어들 겁니다. 다양한 경험과 독서를 통해 독보적인 콘텐츠를 찾아내야 합니다. 그래서, '토니 스타크'로 제2의 인생을 준비해야 합니다.

영화 〈히든 피겨스〉에서 '인간 컴퓨터' 계산원들이 '기계 컴퓨터'가 들어오면 나사에서 쫓겨날 것을 대비해서, '컴퓨터 기계'를 다루는 연습을 했던 것처럼, 미래를 준비하는 사람만이 미래에 살아남고, 나아가서 미래를 만들어갈 수도 있을 겁니다.

지금은 아니더라도 미래에는 인간 자비스가 아니라 토니 스타크로 살아가는 우리 모두가 되었으면 하는 바람입니다.

그림 목록 및 출처

1장

[그림 1-1] 2020 우주의 원더키디(나무위키)
[그림 1-2] 아이언맨과 자비스
　　　　　(https://www.wallpaperuse.com/viko/bxJiw/)
[그림 1-3] 알파고와 이세돌 9단의 대국
　　　　　(https://www.ajunews.com/view/20160310142015974?l=Z)
[그림 1-4] 필승 전략을 위한 산봉우리 문제
[그림 1-5] 수가타 미트라의 TED 강연 모습
　　　　　(https://www.joongang.co.kr/article/10809043)
[그림 1-6] 1960년대 만화에 등장한 인간 자비스
　　　　　(https://m.blog.naver.com/PostList.naver?blogId=kimmisung08)

2장

[그림 2-1] 콜로서스(왼쪽)과 에니악(오른쪽)(위키백과)
[그림 2-2] 그레이스 호퍼(나무위키)
[그림 2-3] 켄 톰슨(왼쪽)과 데니스 리치(오른쪽)(위키백과)
[그림 2-4] 귀도 반 로섬(위키백과)
[그림 2-5] 브렌던 아이크(위키백과)
[그림 2-6] 빌 게이츠(위키백과)
[그림 2-7] 스티브 잡스(위키백과)

3장

[그림 3-1] 토머스 에디슨(위키백과)
[그림 3-2] 고든 무어(테크 월드 뉴스, epnc.co.kr)
[그림 3-3] 무어의 법칙을 나타낸 그래프
　　　　　(https://en.wikipedia.org/wiki/Transistor_count)

4장

[그림 4-1] 키 순서대로 줄을 세워야 할 아이들
[그림 4-2] '주어진 정보'로 '특정한 해답'을 만드는 알고리즘
[그림 4-3] '주어진 정보'로 '특정한 해답'을 만드는 인공지능

5장

[그림 5-1] 일반적인 지하철 승강장 모습
[그림 5-2] 에릭 슈미트(위키백과)
[그림 5-3] 존 폰 노이만(위키백과)
[그림 5-4] 프랑스 국립도서관(충청신문)

6장

[그림 6-1] 그래디 부치(위키백과)
[그림 6-2] 스크래치(https://wintip.docinfo.kr/520/)
[그림 6-3] 앨런 케이(위키백과)

7장

[그림 7-1] 고무 오리(픽사베이)
[그림 7-2] 대니얼 카너먼(나무위키)
[그림 7-3] 아르키메데스의 "유레카"
[그림 7-4] 앙리 푸앵카레(나무위키)

8장

[그림 8-1] 리처드 파인만(위키백과)
[그림 8-2] 플래그 독서법
[그림 8-3] 조엘 스폴스키(왼쪽)와 제프 앳우드(오른쪽)(위키백과)

9장

[그림 9-1] 영화 〈레인맨〉 포스터(나무위키)
[그림 9-2] 상상해본 푸앵카레의 연구실 풍경
[그림 9-3] 자동차 보닛을 연 상태의 엔진룸

10장

[그림 10-1] 피카소가 그린 알제의 여인들(한겨레신문)

[그림 10-2] 리누스 토발즈(위키백과)

[그림 10-3] 이웃집 토토로의 한 장면(이코노믹 리뷰)

11장

[그림 11-1] 허버트 스펜서(위키백과)

[그림 11-2] 목화 농장에서 일하는 흑인 노예
 (https://blog.daum.net/sbk2100/15842654)

[그림 11-3] 구글에서 'christmas tree javascript'로 검색한 내용

12장

[그림 12-1] 미켈란젤로 바이러스 관련 기사(한겨레신문 1992년 3월 6일자 7면)
 (넥슨컴퓨터박물관)

참고도서

EBS 다큐프라임 기억력의 비밀
내 안에 잠든 슈퍼 기억력을 깨워라, 2011년

EBS의 '기억력의 비밀'이라는 방송을 출판한 책입니다. 교육방송을 만드는 PD 들의 작품이라서 그런지, '기억력'이라는 주제에 대해 상당히 체계적으로 정리하고 있습니다. 인간의 기억력이 무엇이고, 어떻게 기억을 잘 할 수 있는지까지 다루고 있거든요.

특히 '매직 넘버 7'이라는 인간의 작업 기억 공간에 대한 이야기는 많은 영감을 주는데요. 소프트웨어 개발자라면 이를 좀 더 자세히 다룬 〈프로그래머의 뇌(2022년)〉를 함께 보는 것도 좋을 것 같습니다.

FREE 프리
비트 경제와 공짜 가격이 만드는 혁명적 미래, 2009년

'공짜'에 대한 책입니다. '공짜'가 역사적으로, 경제적으로, 그리고 기술적으로 어떤 의미가 있는지 서술하고 있습니다. 10년 전에 읽은 책이지만 아직까지도 인상 깊게 남아 있는 책인데요. 기술이 공짜에 가깝게 저렴해질 때 (낭비할 수 있을 때) 기술적 혁신을 이룰 수 있다는 개념을 이 책을 통해 이해했기 때문입니다.

대표적으로 '앨런 케이'는 트랜지스터를 낭비해서 GUI(그래픽 사용자 인터페이스)를 만들었습니다. 이는 스티브 잡스와 빌 게이츠에게 이어졌고, 스티브 잡스는 매킨토시를, 빌 게이츠는 윈도우즈를 개발했습니다. 그 결과 '컴퓨터 사용법'을 책으로 공부하던 시대에서 그냥 쓰는 시대로 바뀌었죠. 2010년대 인공지능 분야가 혁신적으로 발전했던 이유 역시 트랜지스터를 더 많이 낭비할 수 있는 방법을 찾았기 때문입니다. '딥러닝'은 엄청나게 많은 트랜지스터를 낭비하는 기술이거든요.

지금까지 바퀴, 모터, 배터리, 통신망, 그리고 인터넷 기술을 낭비하는 과정에 많은 혁신이 발생했음은 자명한 사실입니다. 그리고 우리가 주목하고 있

는 IoT(사물 인터넷)나 태양열 기술 역시, 기술 낭비로 혁신을 이루게 될 겁니다.

SQ 사회지능 2006년

우리 사회를 논할 때, '경쟁사회'라고 하는 경우가 많습니다. 심지어 초등학교 아이들에게까지 '경쟁'을 강요하며, 이를 '자연법칙'에서 오는 순리라고 착각하곤 합니다. 하지만 '종' 내에서 경쟁이 종의 생존을 위한 것인지 의문이 듭니다. 인간은 포유류로서 '사회성'을 경쟁의 무기로 선택한 '종'이기 때문입니다. 인간에게 '사회성'이 종을 지키기 위한 무기라면, 인간의 사회성에 해를 가할만한 사회 내 경쟁은 순리라고 볼 수 없습니다.

객체지향적으로 생각하라! 2009년

2020년에 〈객체지향 사고 프로세스〉라는 제목으로 제5판이 번역, 출간된 책입니다. 제가 읽었던 책은 '제3판'이었는데요. 다른 이름으로 번역되었습니다. 바로 '객체지향적으로 생각하라'입니다. 저는 5판보다는 3판의 제목이 더 마음에 드네요.

어떤 분야든 초보자와 전문가의 차이를 만들어내는 부분이 있습니다. 〈1만 시간의 재발견(2016년)〉에서는 이를 '심적 표상'이라는 용어로 설명하는데요. 제 나름대로 표현해보면, '어떤 과업을 수행할 때, 크게 힘을 들이지 않고, 가장 좋은 방법으로 수행할 수 있는 상태'라고 표현이 가능할 것 같습니다. 초보자와 전문가의 차이가 여기에 있습니다.

개발자 역시 초보자가 있고, 전문가가 있습니다. 코딩 초보자들은 프로그래밍 문법을 외우고, 자기가 필요한 걸 수행하는 코드를 작성해 내는 사람들입니다. 그리고 전문가는 문제를 해결하는 사고 체계를 바꾸어가는 사람들입니다. 〈객체지향적으로 생각하라〉에서 이를 지적하고 있습니다. C++ 개발자 초보는 C 언어에서 사용했던 '사고 체계'를 C++에서 그냥 그대로 쓰는 사람입니다. 하지만 C++ 전문가는 C++의 객체지향적 사고방식에 적응한 사람입니다.

거인의 신념 2005년

IBM의 성공신화를 다룬 책입니다. 창업자인 토머스 왓슨의 아들 토머스 왓슨 주니어가 썼습니다. 물론 아버지의 회사에 대한 이야기이니 좋은 말만 썼을지도 모르지만, 100년 기업 IBM을 만들어 낸 IBM의 경영철학을 엿볼 수 있는 책입니다.

IBM은 다른 회사들이 직원들을 대량 해고하던 '대공황 시절' 팽창정책을 단행한 회사였습니다. 업무 시간에 이용할 수 있는 샤워 시설까지 제공하기도 했고요. 〈포춘〉에서 'IBM의 50억 달러짜리 도박'이라고 비아냥대던 IBM 360 프로젝트를 진행하므로 도약의 기회를 만들기도 했습니다.

격려
지친 삶 일으켜 세우기, 1998년

이 책은 신앙서적입니다. 지금은 서점에서 구하기 힘든 책인데요. 도서관 검색 페이지들을 찾아보니 '국립중앙도서관' 검색 페이지에서는 검색되고 있습니다. 제가 읽는지는 20년도 넘었지만, 이 책에 나오는 '고흐'에 대한 이야기가 너무 인상적이어서 기억하는 책입니다.

작품 활동을 하기 전, 고흐는 전도자로서 탄광촌에서 봉사하는 삶을 살았습니다. 하지만 지역 교계 지도자들과 문제가 생겨서 그 일을 접고 화가의 삶을 살아갑니다. 그리고 10년 남짓 작품 활동을 했지만 미술계에서도 인정받지 못했습니다.

하지만 고흐의 작품은 '지금' 우리에게 많은 위로를 줍니다. 만약, 당시 교계나 미술계에 '고흐'를 격려할 수 있는 사람이 있었다면, 고흐 같은 천재적 화가가 더 오래 세상을 살며 더 많은 작품 활동으로 우리를 위로해 줄 수 있지 않았을까 하는 안타까움이 남습니다.

고양이가 짖을 때까지 기다릴 것인가? 2007년

〈Designing Web Navigation: 사용자 경험 최적화를 위한 웹 내비게이션 설계 원칙〉이라는 책에서 '더 읽을거리'로 소개되어서 읽었던 책입니다. 인터넷은 미디어 환경을 변화시켰습니다. 그래서 소비자들의 패턴이 바뀌게 되었는데요. 기존 소비자들은 미디어에 노출된 광고만 보고 제품에 현혹되어 제품을 구매했다면, 인터넷 이후 소비자들은 인터넷을 이용해 제품에 대해 알아보기 시작했습니다. 그러니 마케팅 전략이 바뀌어야 한다는 걸 말하는 책입니다. 기술이 마케팅에 어떤 방식으로 영향을 미치게 되는지를 생각해보게 하는 책이었고 인터넷의 발전이 어떤 영향을 미치게 되는지 주목하게 했던 책이었습니다.

고전 읽기 독서법
기적을 부르는 완벽한 고전 독서 교육, 2020년

제가 인생에서 후회되는 일 중 하나는 어릴 때 고전을 거의 읽지 않았다는 것입니다. 그리고 현재 가장 어려움을 겪고 있는 것은 '독서법'입니다. 흥미롭게도 이 책은 제목에서부터 '고전'과 '독서법'이 나오고 있습니다. 저 같은 사람에게 필요한 책이라는 말이죠.

〈브레인 룰스〉에서는 '제니퍼 애니스턴 뉴런'을 이야기하는데요('제니퍼 애니스턴' 사진에만 반응하는 뉴런을 말합니다). 아마도 실험 대상자가 미국 드라마 '프렌즈'를 자주 보는 사람이었겠죠. 제니퍼 애니스턴에 반응하는 뉴런이 있듯, 소크라테스, 삼국지, 일리아드 오디세이에 반응하는 뉴런이 우리 뇌에 있으면 어떨까요?

고전은 오래 읽힐 만큼 다양한 식견을 갖춘 책입니다. 이런 고전에 반응하는 뉴런이 우리와 우리 자녀의 뇌에 있다면, 세상을 바라보는 우리의 시각이 많이 넓어질 것 같습니다.

구글은 어떻게 일하는가
에릭 슈미트가 직접 공개하는 구글 방식의 모든 것, 2014년

2014년 당시 구글의 대표 에릭 슈미트가 다른 두 명과 더불어 집필하고, 구글의 창업자 래리 페이지가 추천사를 쓴 책입니다. 구글이 어떤 방식으로 돌아가는지 엿볼 수 있는 책인 건데요. '지적 능력보다 전문성'을 선호하고 '학습하는 동물을 채용하라'는 말이 인상 깊었습니다. 저도 면접 자리에 많이 나가보았지만, 우리나라 회사 대부분은 앞으로 무얼 해 나갈 수 있는 사람인지보다 지금까지 뭘 하고 살았는지를 더 비중 있게 여기는 경향이 있습니다. 그래서 뭘 해봤는지 물어봅니다. 이미 알고 있는 지식을 물어보고요. 하지만 앞으로 계속 공부해 나갈 사람인지, 자기 분야에 대한 호기심이 얼마나 큰지는 묻지 않습니다.

피면접자들을 보면, 발전이 없는 사람이 의외로 많습니다. 본인이 관심 있는 분야도 없고, IT 기술에 대해서 더 갈고 닦으려는 자세도 없습니다. 심지어 자기 이력서에 쓰여 있는 프로젝트에 대해서도 답변을 하지 못하는 경우가 있습니다. 개인적인 견해이지만, 항상 성장하는 사람이라면 프로젝트를 하면서도 성장의 기회로 삼았을 테고 성장의 원동력이 되었던 프로젝트의 내용을 기억하지 못할 리 없거든요.

글쓰기 생각 쓰기 2007년

아이 교육에 대해 관심을 갖기 시작하면서 〈내 아이의 첫 미래 교육(2021년)〉을 읽었는데요. 그 책에서 언급하고 있는 책입니다. 저는 글쓰기가 생각을 만들어내는 도구라고 보기 때문에 '글쓰기 생각 쓰기'라는 제목에 은근히 기대했지만, '생각을 만들어 내는 방식'으로 글쓰기에 대해서는 다루고 있지 않았습니다. 다만, '글쓰기' 자체에 대해 다양한 각도로 설명하고 있는데요. 전문적인 작가의 글이기 때문인지 모르지만, '글쓰기' 자체에 대해서는 참 잘 설명하고 있습니다. 게다가 분야별로 나누어서 설명하고 있기도 해서, 지금까지 쓰지 않았던 종류의 글을 쓰려고 한다면, (예를 들어 여행에 대한 글?) 그 부분을 읽어보고 글 쓰기에 자신감을 얻을 수 있을 것 같습니다.

기술 중독 사회
첨단기술은 인류를 구원할 것인가, 2016년

"기술은 가교가 아니라 기중기이다"라는 말로 이 책을 요약할 수 있습니다. 일찍이 〈맨먼스 미신〉의 프레드릭 브룩스는 "은총 알은 없다"라고 했습니다. 문제를 한 번에 해결할 수 있는 기술이 없다는 말입니다. 기술은 어디까지나 도구일 뿐이기 때문입니다. 결국 문제를 만드는 것도, 문제를 해결하는 것도 사람이 할 일입니다. 그러나, 기술을 의인화시키고, 우상화시키는 경향이 우리에게 있는 것 같습니다(〈터미네이터〉 영화를 너무 몰입해서 봤기 때문인지도 모르겠군요). 기술은 우리를 유토피아로도 디스토피아로도 이끌어다 줄 수 없습니다. 결국 미래를 결정하는 건, 기술이 아니라 사람의 몫입니다.

기억창고 정리법
이론편.게임편, 2007년

〈EBS 다큐프라임 기억력의 비밀〉에서 이 책을 참고하지 않았나 싶은 내용의 책입니다. 기억력에 대해서 설명하고 있는데요. 챌린저호 폭발사고와 기억력을 연결시킨 실험은 정말 인상 깊었습니다. 챌린저호 폭발사고 직후, 사람들을 모아서 이 뉴스를 어디에서 접했는지를 묻고, 답변 내용을 기록해두었습니다. 3년 후에 그들을 다시 불러서 3년 전에 했던 말을 다시 해달라고 부탁했는데요. 그중 44퍼센트가 수정된 기억을 가지고 있었다고 합니다.

정말 특이한 건, 설명을 더 많이 하고 확신을 가지고 말하는 사람일수록 그 수치가 높았다고 하네요. 그런 이유는 인간의 기억 방식 때문입니다. 인간은 새로 들어온 기억을 과거 기억과 버무려서 기억하게 되어 있다고 하네요. 그러니 오래된 기억은 비슷한 기억과 버무려질 가망성이 높습니다. 그리고 특정 내용을 오래 기억하려면 여러 차례 공부할 수밖에 없습니다. '에빙하우스의 망각곡선'이 학습에 유용한 이유가 되겠죠.

기적을 부르는 뇌
뇌가소성 혁명이 일구어낸 인간 승리의 기록들, 2008년

뇌와 관련된 기적적인 이야기를 다루고 있습니다. 중풍에 쓰러진 대학교수가 재활에 성공해서 다시 강의하게 된 일, 시력이 없는 사람들이 혀의 감각으로 희미하게 나마 시각을 회복하는 일 같이 '기적'적인 일들을 이야기하고 있습니다.

특히 중풍에 쓰러진 대학교수가 재활했던 이론이 재미있습니다. 걷지 못하고 말하지 못한다는 건, 결국 그런 일을 하는 두뇌 부위에 손상을 입었다는 의미가 되기 때문에, 어린 아기가 걸음마와 말을 배우는 것과 동일한 방식으로 중풍 걸린 교수를 훈련시켰다고 합니다. 그리고 재활에 성공한 후 여러 해 교수로 살다가 노화로 죽게 되었는데요. 뇌를 열어보니, 그 교수의 중풍 상처는 그대로 있었다고 합니다. 다시 말해 피해를 입지 않은 뇌세포들이 자기 기능을 확장했던 것이죠.

우리의 노력 여하에 따라 우리가 '기적'의 주인공이 될 수 있다는 것을 이 책을 통해 느낄 수 있었습니다.

나는 왜 이 일을 하는가 2013년

2013년 판을 읽으면서 〈나는 왜 이 일을 하는가〉라는 번역판 제목이 못마땅했었는데요. 이번에 (2021년 말) '스타트 위드 와이'라고 번역되었습니다. '나는 왜 이 일을 하는가?'보다 '스타트 위드 와이'가 더 책 내용과 가까운 것 같습니다. '나는 왜 이 일을 하는가?'라는 제목은 왠지 '일하는 이유'를 알려줄 것 같거든요.

저자인 사이먼 사이넥은 동기부여에 대한 근본적인 작동원리를 설명하고 있습니다. 혹시 아직 읽어보지 않았다면 챙겨봤으면 하는 책입니다. 혹시 책 읽을 시간이 없다면, TED에서 '골든 서클'을 그리며 Start with why를 설명하는 사이먼 사이넥을 찾아보기 바랍니다.

노동의 종말 2005년

기술의 변화는 특정 분야의 노동자들의 직업을 잃게 만듭니다. 물론 과거에는 그만큼 새로운 일자리들이 나와서 사회적인 문제를 발생시키지 않았습니다(목화 따는 일자리가 사라지는 시기에 자동차 산업이 발전하는 식이었으니까요).

문제는 미래입니다. 앞으로 4차 산업시대 기술 변화는 일자리를 극단적으로 줄여나갈 겁니다. 400명이 일하던 공장이 관리자 10명으로 작동하게 된다면, 분명 문제가 있습니다. 390명에 해당하는 노동자들은 시장에서 소비를 할 수 없게 되고, 시장의 위축으로 이어질 것 같습니다. 이런 이야기를 20여 년 전에 할 수 있는 식견을 가진, 저자 '제레미 리프킨'에게 경의를 표합니다.

드라이브
창조적인 사람들을 움직이는 자발적 동기부여의 힘, 2011년

미래학자 다니엘 핑크의 책입니다. 동기부여 없이 무작정 많은 일을 맡기고 노동자들을 노예 부리듯 했던 시대가 100여 년 전에 종식되고, '당근과 채찍'으로 동기부여라는 걸 하는 시대가 도래했었습니다. 전 세계가 제조업 중심으로 돌아가던 시대에는 이런 방식의 동기부여도 동작했었지요. 하지만 앞으로는 이런 방식의 동기부여를 쓰는 것도 어려울 것 같습니다. 다음 버전의 동기부여가 필요한데요. 〈드라이브(2011년)〉는 그걸 말해주고 있습니다.

똑똑하고 100배 일 잘하는 개발자 모시기 2007년

저는 책을 고를 때, 저자 또는 참고서적을 따라 책을 고르곤 합니다. 〈똑똑하고 100배 일 잘하는 개발자 모시기(2007년)〉을 읽게 되었던 건, '저자'의 영향이었습니다. 꽤 오랜 시간 개발자들 책꽂이 한 귀퉁이를 차지하고 있었던 〈조엘 온 소프트웨어〉의 저자 조엘 스폴스키가 이 책의 저자이기 때문이죠.

이 책은 개발 조직의 인사관리 특히 인재영입에 대한 이야기를 하고 있습니다. 조엘 스폴스키는 유명 블로거일 뿐 아니라 여러 사업을 성공적인 궤도에 안착시킨 사업가이기 때문에 그의 말에 귀 기울일 이유는 충분합니다.

마스터 알고리즘
머신러닝은 우리의 미래를 어떻게 바꾸는가, 2016년

인공지능에 대한 이야기입니다. 저자는 워싱턴 대학에서 머신러닝을 가르치는 교수입니다. 더 많은 인재들이 머신러닝 분야로 왔으면 하는 바람을 가지고 이 책을 썼는데요. 그래서 인공지능 분야의 주요 이론을 〈반지의 제왕〉의 종족들에 연결시켜서 설명하며 독자들의 흥미를 유도하고 있습니다.

현재까지 인공지능의 연구 방향은 인공지능의 목표에 따라서 특화되는 경향이 있습니다. 하지만 이 책에서는 공용으로 사용하는 인공지능의 가능성을 이야기하는데요. 그런 인공지능을 '마스터 알고리즘'이라고 부르고 있습니다. 흥미로운 분야이고 할 일도 많으니 호기심 많은 젊은 연구자들이 인공지능 분야에 많이 참여하라는 거죠.

맨먼스 미신
소프트웨어 공학에 관한 에세이, 2007년

프레더릭 브룩스는 IBM에서 IBM 360 시스템을 진행했던 프로젝트 관리자로서, 프로젝트 종료 후 〈맨먼스 미신〉을 썼습니다. 그 후 30주년 기념으로 증보판을 냈던 책이 번역되어 2007년에 출판되었고, 2015년에 '인사이트'에서 다시 번역해서 나왔습니다.

〈맨먼스 미신〉을 보고 있으면, 분명 기술적인 측면에서는 상당히 예전 이야기를 하고 있는데, 소프트웨어 개발에 대한 통찰은 지금 우리에게도 적용할 수 있는 이야기라는 생각을 하게 됩니다. 그래서 그렇게 많은 소프트웨어 개발 관련 책에서 〈맨먼스 미신〉을 언급한 게 아닐까 싶네요.

미래는 누구의 것인가 2016년

VR(가상현실)의 아버지라 불리는 '재런 러니어'의 책입니다. 저 같은 경우엔 〈가상현실의 탄생(2018년)〉을 읽은 후, '재런 러니어'에 대해 더 이해해보기 위해 읽었던 책입니다. IT 분야에 괴짜가 정말 많지만, '재런 러니어' 정도의 괴짜는 드물지 않을까 싶네요.

백 년의 독서
김형석 교수를 만든, 2021년

독서를 주제로 책을 찾다가, '김형석' 교수의 책을 발견했습니다. 1920년생이니, 백 살이 넘은 노인입니다. 어린 형석은 우리나라 글자로 된 책이 없어서 일본어로 된 책을 빌려보기 시작하며 독서 일생을 시작했습니다. 책 속에서 '철학'이라는 진로를 찾게 되고, 책 속에서 인생을 꾸려가기 시작해서, 책과 함께 100년을 넘게 살아온 분입니다. 아직 책을 쓸 수 있는 지적 능력이 남아있음을 보고 감탄, 또 감탄했습니다.

벨 연구소 이야기
세상에 없는 것에 미친 사람들, 2012년

'지속 가능한 혁신의 공식'이 있음을 알게 해 준 책입니다.

에디슨이 7천 번의 시도로 전구에 사용할 '소재를 발견'해 냈지만, 벨 연구소는 각 분야 최고 전문가들을 모아서 트랜지스터 '소재를 발명'해 냈습니다. 이러한 '발명' 방식은 몇 년 후 인텔을 창업한 무어를 통해 세상에 알려집니다. '무어의 법칙'이죠. 한 10년쯤은 18개월마다 트랜지스터 집적도가 두 배씩 증가할 거라고 예측했던 것이, 50년간 유지되었습니다.

그건 '지속 가능한 혁신의 공식'이 있음을 알려주는 것입니다. 시장이 충분히 성장하고, 충분히 수익을 누리는 상황이 된다면, 충분한 자금을 모아서 새로운 기술 개발에 투자할 수 있게 되는데요. 그렇다면 '무어의 법칙'처럼 주기적인 기술의 혁신이 일어날 수 있습니다.

'무어의 법칙'은 '트랜지스터'라는 대상에 대해 말하고 있기 때문에 트랜지스터의 물리적 한계에 부딪혔지만, '혁신의 주기'는 유효합니다. 다만, 모든 기술 영역에 이러한 혁신이 일어날 수 있을 만큼 시장이 크지는 않을 테니, 지속적인 시장의 변화에 주목할 필요가 있겠죠.

브레인 룰스
의식의 등장에서 생각의 실현까지, 2009년

'뇌'에 대한 이야기를 유쾌하고 재미있게 다루고 있습니다. 개발자의 도구는 근본적으로 '뇌'라는 생각에 일반인이 읽을 수 있는 '뇌'에 대한 책이 있으면 열심히 읽어왔는데요. 그중 가장 재미있게 읽었던 책이 아닌가 싶습니다. 특히 '제니퍼 애니 스톤 뉴런'에 대한 이야기는 상당히 인상 깊어서, 기억에 오래 남습니다.

블랙 스완
위험 가득한 세상에서 안전하게 살아남기, 2008년

제가 읽었던 책은 2008년에 번역 출판된 책이었는데, 2018년에 개정증보판이 나왔네요. 〈블랙 스완에 대비하라(2011년)〉를 포함시켰다는 출판사의 설명을 찾을 수 있었습니다.

이 책은 다른 말이 필요 없는 '필독서'입니다. 특히 우리나라 사람이라면 더욱 그렇습니다. 우리나라는 최근 선진국 대열에 합류하기까지 지속적인 성장을 이루어왔습니다. 경제가 성장한다는 것을 당연하게 여기는 사회적 분위기가 있기 때문에, '블랙 스완'을 예측하고 대비하는 행위를 터부시하는 경향이 있기 때문입니다.

사랑을 위한 과학 2001년

과학과 사랑을 연결해보는 책입니다. 아니, 과학계에서 터부시해왔던 사랑을 수면 위로 끌어올리는 책인지도 모릅니다. 우리는 과학이라는 이름으로 인간다움에 대해 도외시해왔습니다. 하지만 인간은 '사랑'과 '사회성'을 생존 도구로 선택해서 진화한 '종'입니다. 사랑없이 인간을 논하는 것 자체가 어불성설입니다.

사랑을 주제로 삼는 책은 대부분 '종교'서적인데, 사랑에 대한 '과학'적 접근이 참신하고 재미있었던 책이었습니다.

생각에 관한 생각 2018년

책 표지에 '노벨경제학상을 수상한 최초의 심리학자!'라는 말이 인상 깊은 책입니다. 책의 저자인 '대니얼 커너먼'은 제가 읽었던 책에서 많이 인용되는 사람입니다. 나심 니콜라스 탈레브도 〈블랙 스완〉, 〈안티 프레질〉에서 언급하고 있고요. 〈프레임워크 없는 프런트엔드 개발〉이란 책에서는 직접 〈생각에 관한 생각〉을 필독서로 꼽고 있기도 합니다(프런트엔드 개발자를 위한 책에 행동심리학 책이라니…).

그리고 저도 읽어볼 것을 권하고 싶습니다. 정말 상당히 다양한 분야에서 대니얼 커너먼을 인용하고 있음을 알 수 있을 테니까요.

생각의 탄생

다빈치에서 파인먼까지 창조성을 빛낸 사람들의 13가지 생각도구, 2007년

'생각'에 대한 책입니다. 저는 주로 피카소와 푸엥카레에 이야기를 인용했는데요. 저자들은 이 책을 통해 '생각'이란 어떻게 하는 것이고 생각을 잘하려면 어떤 도구가 필요한지를 이야기하고 싶었던 것 같습니다. 그리고 책 말미에는 현재 교육계에 대해서 비판하기도 합니다.

미래 사회는 자기 콘텐츠를 가지는 게 중요한 사회가 될 겁니다. 자기 콘텐츠는 '독창적인 생각'에서 나옵니다. 생각의 중요성을 인식한다면, 권하고 싶은 책입니다.

생각의 한계
당신이 뭘 아는지 당신은 어떻게 아는가?, 2014년
'우리 스스로가 안다고 생각하는 것에 대한 한계'를 이야기하는 책입니다. 이 책에도 '챌린저호 폭발 사고'를 언급하고 있는데요. 〈기억 창고 정리법〉에서 소개하는 내용과 동일한 이야기입니다. 우리는 우리 스스로를 안다고 생각하지만, 사실은 잘 알지 못합니다. 기억력, 사고방식, 그 외에 다양한 부분에 대해 이야기해 주는 책입니다.

생각하는 기계 vs 생각하지 않는 인간
일과 나의 미래, 10년 후 나는 누구와 어떻게 일해야 하는가?, 2021년
4차 산업시대의 생존 방법을 설명하는 책입니다. 목화 농장에 목화 수확기계가 보급된 1940년대 이후, 미국 남부의 흑인들은 500만 명 이상이 북부로 이주했다고 합니다. 그러나 당시 한창 부흥기를 맞이하고 있었던 자동차 공장에 취업을 할 수 있었던 흑인은 100여 명이 되지 않았습니다.
저자는 4차 산업시대는 인공지능 시대이므로 '인간적 능력'을 키우는 사람들이 살아남을 것이라고 예견하고 있습니다. 공감, 소통, 관심, 배려 같은 능력이죠. 그리고 더 나아가서 책을 읽는 사람만이 4차 산업시대에 생존할 수 있다고 조언하고 있군요.

생각하는 힘은 유일한 무기가 된다
불확실한 세계에서 살아남기 위한 생각의 기술, 2019년
이 책의 저자인 '야마구치 요헤이'는 자신을 '생각' 전문가로 소개합니다. 자신의 커리어를 '사고'라고 하고요. 생각하기를 직업으로 삼고 있는 사람이죠. 저자는 마치 스스로가 예언자가 된 것처럼 2020년과 그 이후의 미래를 예견하고 있는데요. 결론은 역시 AI가 직업 대다수를 사라지게 하더라도 '생각'이라는 고유의 능력은 인간에게만 있기 때문에 '생각하는 인간'은 생존할 수 있다는 이야기를 하고 있습니다.

생각하지 않는 사람들
인터넷이 우리의 뇌 구조를 바꾸고 있다, 2011년
개인적으로 '니콜라스 카'라는 이름을 기억하게 만든 책입니다. 2020년에는 개정증보판도 나온 책이고요. 니콜라스 카는 '책 읽기'로 정보를 얻었던 과거 시스템이 '인터넷'으로 정보를 얻는 현재로 변화하면서 인간의 뇌도 변화를

겪었다고 주장하고 있습니다. 그리고 변화는 '생각 없음'입니다. 다시 말해서, 책을 읽지 않는 사람은 생각 없는 뇌를 가지게 된다는 거죠.

우리나라의 독서 인구는 50%가 되지 않습니다. 개인과 공동체의 발전을 위해 독서가 정말 중요한 시기인 것 같군요.

성당과 시장
우연한 혁명으로 일어난 리눅스와 오픈소스에 대한 생각 2015년
1997년 리눅스 단체에서 공개된 책을 '한빛미디어'에서 번역해서 pdf로 출간한 책입니다. 에릭 레이먼드가 말하는 성당은 코드의 교류가 없는 프로젝트를 말하고, 시장은 다양한 사람이 코드를 공유하는 공유 커뮤니티를 의미합니다. 대표적으로 리눅스 개발이 시장 모형을 따랐다고 하네요.

세계 최고의 디지털 리더 9인의 이야기 2007년
빌 게이츠, 스티브 잡스, 마이클 델, 앤디 그로브, 손정의, 루이스 거스너, 미야모토 시게루 그리고 구글 창업자 둘(래리 페이지, 세르게이 브린)에 대한 책입니다. 앤디 그로브를 제외한다면 다들 자기가 하고 싶은 일을 어려서부터 아주 열심히 해서 성공한 경우입니다. 자기 일에 대한 열정 같은 걸 느낄 수 있는 책입니다. 앤디 그로브는 〈위대한 수업〉이라는 자서전을 함께 보면 좋을 것 같습니다.

소프트 스킬
평범한 개발자의 비범한 인생 전략 71가지, 2015년
소프트웨어 개발자로서 자기 계발에 대한 폭을 넓혀야 한다는 걸 이해하게 해 준 책입니다. 저자는 재미있게 코딩하는 상황을 만들기 위해서 빨리 은퇴할 것을 목표로 삼았는데요. 때마침 미국의 부동산 붐에 힘입어서 다수의 부동산을 보유했고, 33세에 은퇴할 수 있었습니다. 저자는 소프트웨어 개발자에게 필요한 것 중 소프트웨어 개발에 관한 것 빼고 대부분을 설명하고 있습니다. 자금관리, 은퇴, 건강, 뭐 이런 것들이죠.

스마트 플랫폼 전략
플랫폼 생태계 생존전략, 2012년
플랫폼에 대한 책입니다. 저자는 다양한 플랫폼들을 설명하며, 아이폰, 안드로이드 플랫폼에 대해서도 언급합니다. 결국 플랫폼을 확보한다는 것은, 시장과 개발자들을 확보해 나가는 문제가 될 것입니다.

승자의 뇌
뇌는 승리의 쾌감을 기억한다. 2013년
인간의 뇌 속에 남성호르몬으로 알려진 '테스토스테론'에 대해서 이야기하는 책입니다. 테스토스테론 수치가 경기에서, 조직 내 권력관계에서, 어떤 영향을 미치는지 설명하고 있습니다. 1장에서 저자는 '사다리 숨기기'라는 주제를 피카소의 아들을 통해 풀고 있는데요. 저는 이 이야기를 인용했습니다.

실용주의 사고와 학습 2010년
이 책은 2015년에 재출간되기도 했습니다. 일단 '실용주의'란 이름에 대해서 생각해봐야 하는데요. 로버트 C 마틴은 '애자일 선언'에 참여했던 사람 중에 '앤디 헌트'와 '데이브 토머스'가 '실용주의 프로그래머'를 대표했다고 알려주고 있습니다 (〈클린 애자일〉). 애자일 선언에 참여했던 '앤디 헌트'는 그 후 여러 책을 냈는데요. 이 책은 바로 그의 책 중 하나입니다. '앤디 헌트'의 저작물의 특징은 참조하는 책의 분야가 정말 다방면이라는 것입니다. 앤디 헌트는 책을 읽고, 참고서적을 찾아 읽는 것으로 많은 도움을 받을 수 있는 책을 씁니다. 저는 이 책을 읽고, 참고서적 12권 이상을 좇아가면서 읽었는데요. 많은 도움을 받았습니다(사실 〈죽을 때까지 코딩하며 사는법 (2021년)〉을 쓴 밑거름이 되었습니다).

실용주의 프로그래머 2005년
2014년, 2022년에 재출간된 책입니다. 이 책은 궁극적인 개발자 필독서가 아닐까 싶습니다. 그만큼 많은 이야기를 담고 있기 때문인데요. 혹시라도 읽어보지 못한 개발자가 있다면 꼭 읽어보기를 권합니다. 애자일 선언에 참여했던 '앤디 헌트'와 '데이브 토머스'가 쓴 책이고 우리나라에 애자일 선구자, 전도사로 활동하고 있는 '김창준' 님이 번역한 책입니다.

심리학을 만나 행복해졌다
복잡한 세상과 사람의 마음을 꿰뚫어 보는 심리법칙 75, 2020년
개인적으로 심리학은 너무 먼 학문입니다. 그래서 읽었던 책인데요. 심심풀이로 기분 좋게 한 페이지씩 넘기면서 볼 수 있는 책이었습니다.

아마존 세상의 모든 것을 팝니다
아마존과 제프 베조스의 모든 것, 2014년

제프 베조스의 아마존 창업과 초기 성공에 대한 이야기를 다룬 책입니다. '앨런 케이'를 인용할 줄 알고, 〈맨먼스 미신〉을 읽는 사람이라면, 개발자보다 더 개발자들을 이해할 수 있는 경영인이 아닌가 싶은 생각을 하게 하는 책이었습니다. 아마존이 궁금한 분이라면 읽어볼 만한 책입니다.

아티스트 웨이
나를 위한 12주간의 창조성 워크숍, 2003년

제가 읽었던 책은 2003년 번역본이었습니다. 하지만 그 이후 2012년에 10주년 개정판이 나오고, 2020년, 2022년에 각각 다른 출판사를 통해 재출판 되었네요. '창조성'을 회복시키는 이야기들로 가득한 책이지만 제가 많이 인용하는 건, '모닝 페이지'입니다. 3페이지 분량으로 매일 아침 마음의 소리를 옮겨 적는 것이 모닝 페이지인데요. 저자인 줄리아 캐머런은 모닝 페이지로 '창조성' 회복 워크숍을 시작합니다.

모닝 페이지가 효과가 있다는 건, 글쓰기가 단순히 우리 머릿속에 완성된 무언가를 표현해 내는 것 이상의 능력을 가지고 있다는 것이겠죠.

알고리즘으로 세상을 지배하라
기계 vs 인간의 일자리 전쟁, 2016년

세상을 지배해 나가는 '알고리즘'에 대해 이야기하는 책입니다. 알고리즘은 월스트리트의 트레이더 상당수를 실업자로 만들었습니다. 트레이딩 알고리즘을 만드는 사람을 비웃던 트레이더들까지 포함해서 많은 사람이 컴퓨터에게 자리를 내어주었죠. 이처럼 미래는 알고리즘을 만드는 사람들이 지배하는 세계가 될 거라고 말하고 있습니다.

알고리즘이 욕망하는 것들
우리 삶과 사회 깊숙이 침투한 알고리즘의 내면을 성찰하다, 2019년

'알고리즘'을 가진 쪽과 그렇지 않은 쪽에 차이는 마치 과거 무역상이 먼 거리 때문에 발생하는 시장의 가격 차이로 돈을 버는 것과 같은 차이를 만들어내고 있습니다. '알고리즘'을 가지고 이용하는 사람이 그렇지 못한 쪽에서 이득을 보게 되는 거죠. 결국 저자는 알고리즘 자체보다 알고리즘이 만들어내는 결과를 주목하고 있습니다.

애자일 테스팅
테스터와 애자일 팀을 위한 실용 가이드, 2012년

애자일 팀의 테스트 엔지니어에 대해 설명하는 책입니다. 우리나라 개발자들과는 좀 괴리가 있는 책인데요. 우리나라 소프트웨어 개발 조직에서 팀에 테스트 엔지니어를 함께 두는 일은 좀처럼 하지 않기 때문입니다. 마치 증기기관을 사용하던 공장에 전기 모터가 들어왔던 시대를 보는 것 같습니다. 전기 모터를 쓰게 되면 공장의 기계를 공정에 따라서 배치하고 더 효율적으로 일할 수 있지만, 증기기관 시대에 동력이 많이 필요한 기계를 공장 가운데부터 배치하는 공장 배치 방식에 빠져있던 공장 관리자들은 자신들의 세대가 지날 때까지 혁신을 막아섰습니다. 테스트 조직, 테스트 엔지니어의 역할에 대해, 혁신의 용기가 있다면, 이 책을 보기 바랍니다.

어느 수학자의 변명
수학을 너무도 사랑한 한 고독한 수학자 이야기, 2005년

제가 읽은 책은 2005년 판입니다. 하지만 검색해보니 1997년, 2008년, 2011년, 2016년에 출판되었던 것 같군요. 책 내용은 좀 우울합니다. 나이 든 수학자가 수학적 업적을 쌓기엔 힘이 부치게 되어 산문을 쓰고 있는 자신을 안타까워하는 이야기이거든요. 하지만 수학자로서 살 수 없는 일반인들에게 수학자의 심정을 느끼게 해주는 책이 아닐까 싶습니다. 그러니 상당히 오래전에 출판된 책이 계속해서 재출판되고 있는 것 같고요.

에디톨로지
창조는 편집이다, 2018년

김정운 소장의 책입니다. 텔레비전에 나왔을 때의 강연을 아직도 유튜브에서 볼 수 있는데요. 지금 봐도 재미있을 정도로 강의를 참 잘하는 것 같습니다. 에디톨로지는 한마디로 "창조는 편집이다"라는 김정운 소장의 주장을 담은 책입니다. 책을 읽다 보면, 김정운 소장의 주장에 99% 동의하게 되는 것 같습니다.

웹 강령 95 2000년

저는 이 책을 2013년 말에 읽었습니다. 책을 읽으면서 들었던 생각은 "10년만 일찍 이 책을 읽었다면 인생이 바뀌었을지도 모르겠다"였습니다. 인터넷이 가져올 혁신을 예언하는 성격의 책이기 때문입니다. 2013년에 책을 읽으면서 남겨둔 메모는 "이 책의 저자들보다 내가 과거가 있는 것 같다"였습니다.

유리 감옥
생각을 통제하는 거대한 힘, 2014년

니콜라스 카의 책입니다. 〈생각하지 않는 사람들〉을 읽고, 큰 충격을 받은 다음 우연히 니콜라스 카의 다른 책이 출간된다는 소식을 듣고 책을 구해보았습니다. 〈생각하지 않는 사람들〉에서는 인터넷 사용이 '생각을 하지 못함'의 상태로 만든다는 주장을 했다면, 〈유리 감옥〉은 디지털 기기(유리 감옥)가 인간을 속박한다는 이야기를 하고 있습니다.

유혹하는 글쓰기
스티븐 킹의 창작론, 2002년

생존한 소설가 중에 가장 많은 베스트셀러를 가진 작가가 아닌가 싶은, 스티븐 킹의 책입니다. 입이 떡 벌어지게 많은 글을 쓴 스티븐 킹은 모든 소설의 내용이 아주 참신합니다. 우리가 접해보지 않았던 이야기를 만들어내는 탁월한 능력이 있는 스티븐 킹이 어떻게 그렇게 글을 쓸 수 있는지를 엿볼 수 있는 책입니다. 저는 2002년 판을 읽었었는데요. 2017년에 리뉴얼판이 나왔더군요.

읽기 좋은 코드가 좋은 코드다
더 나은 코드를 작성하는 간단하고 실전적인 테크닉, 2012년

소프트웨어 공학을 한 문장으로 표현한다면 "읽기 좋은 코드가 좋은 코드다"가 아닐까 싶습니다. 가독성은 그만큼 소프트웨어 개발에서 가장 중요한 요소인데요. 이 책은 그걸 이야기하고 있습니다.

소프트웨어 개발이라는 직업을 가지고 일을 하면 할수록 정말 어려운 게 '읽기 좋은 코드'를 만드는 일이 아닌가 싶습니다.

제2기계의 시대
인간과 기계의 공생이 시작된다, 2014년

"혁신을 제한하는 것은 우리의 상상력뿐이다"라는 말이 나오는 책입니다. 여러모로 감동을 받은 책이었는데요. 특히 증기기관 공장이 전기 모터를 쓰는 공장으로 바뀌는 과정은 많은 것을 느끼고 이해하게 해주는 대목이었습니다.

혁신의 가장 큰 걸림돌은 인간입니다. 우리는 스스로를 혁신시키지 못하기 때문에 결국 혁신을 방해하는 참담한 자리에 가게 되는 것 같습니다.

조선의 왕을 말하다
이덕일 역사평설, 2010년
이 책을 읽으면서, 조선이라는 나라와 '책'의 연관성에 대해서 많은 생각을 했습니다. 이성계 집안에서 유일한 지식인이었던 이방원이 세종에게 자리를 물려준 이유가 책이었고, 공부를 열심히 하기로 소문난 세종은 우리에게 한글이라는 놀라운 발명품까지 안겨주었습니다. 하지만, 조선을 망하게 한 임금은 밤새워 놀다가 새벽에 잠이 들어 오후에 일어나서 정사를 보았다니…, 책을 읽었을 리도 없겠죠. 같은 기간 일본은 메이지 유신을 단행하며 현대적인 국가가 되었고, 우리나라는 일본에게 먹혀들어갈 만큼 초라한 나라가 되고 말았습니다. 1, 2권으로 나누어져 있지만, 정말 눈을 뗄 수 없어서 한 번에 읽었고, 피가 거꾸로 솟아오름을 느끼게 만드는 책이었습니다.

조엘 온 소프트웨어
유쾌한 오프라인 블로그, 2005년
조엘 스폴스키의 책입니다. 1990년대 초에 마이크로소프트에서 엑셀팀 매니저로 있다가 나와서 2000년대에 창업하기 시작했는데요. 스택오버플로(전 세계 규모 개발자 QnA 서비스)와 에그 헤드(소프트웨어 기술 강의 사이트), 트렐로(칸반 보드 형식의 테스크 관리 툴)가 그의 작품입니다. 엑셀에 매크로 기능으로 비주얼 베이직이 들어가 있는데요. 이렇게 만든 것도 조엘의 작품이었다니, 상당히 감각 있는 사람이라 할 수 있습니다. 조엘 스폴스키는 사업을 시작하면서 블로그를 시작했는데요. 블로그가 2000년대 이후 커뮤니케이션에 중요한 수단이 될 수 있다는 것을 이해했던 것입니다. 〈조엘 온 소프트웨어〉는 조엘 스폴스키의 블로그 내용을 책으로 엮은 것입니다.

직관의 두 얼굴
투자, 스포츠, 의료, 면접 등 순간의 선택을 좌우하는 본능적 직감의 힘과 위험, 2008년
직관에 대한 책입니다. 푸엥카레는 직관으로 발견을 한다고 했는데요. 전문가에게 직관은 앞으로 나아갈 수 있는 원동력입니다. 하지만 직관은 엉뚱한 방향으로 튈 때가 있는데요. 편향을 가질 수도 있고, 잘못된 판단을 돌출할 때도 있습니다. 이 책은 직관의 두 가지 양면성을 설명하고 있는 책입니다.

창조력 코드
인공 지능은 왜 바흐의 음악을 듣는가?, 2020년

수학자가 미래에 대한 이야기를 쓴 책입니다. 이세돌 9단에게 바둑을 이긴 인공지능을 만들었던 영국의 딥마인드라는 회사가 있습니다. 딥마인드는 수학적 증명을 하는 인공지능을 연구하고 있다고 하는데요. 저자인 마커스 드 사토이는 이를 언급하면서 수학자, 더 나아가서 지식 노동자의 미래가 어떻게 될 것인지 예견하고 있습니다. 4차 산업시대는 전문가의 시대입니다. 지식 노동자들은 세세한 영역은 인공지능에게 맡기고 좀 더 창의적인 일을 할 수 있는 시대가 될 것으로 기대할 수 있습니다. 저자는 그걸 설명하고 있군요.

책 읽는 뇌 2009년

ADHD 성향이 있는 아들을 키우는 어머니 메리언 울프가 독서 능력에 대해 연구하여 쓴 책입니다. 이 책의 키워드는 "독서는 선천적인 능력이 아니다"인 것 같습니다. 독서를 하려면 글을 읽고 언어로 전환해서 해석할 수 있어야 하는데요. 이러한 기능은 우리 뇌에 원래 존재하지 않았던 기능입니다. 그러니 글을 배우는 아이들은 자기 뇌를 조작해서 새로운 기능을 만드는 과정에 있는 것인데요. 대부분의 아이들이 어렵지만 수행해 낸다고 해서 그게 잘 안 되는 아이들이 문제가 있는 건 아닐 수 있습니다. 선천적으로 우뇌의 영향력이 더 뛰어나서 언어적 기능을 하는 좌뇌로 읽기가 연결되지 않는 경우가 있을 수 있는데요. 이런 경우라면, 우뇌를 더 많이 활용하는 분야에서 두각을 나타낼 수 있겠죠.

코드와 살아가기
코드가 변화시킨 세계에 관한 여성 개발자의 우아하고 시니컬한 관찰기, 2020년

엘런 울먼이라는 미국의 소프트웨어 개발자이자 저술가가 쓴 책입니다. 1949년생으로 미국 소프트웨어 분야의 산 증인이기도 하죠. 소프트웨어 개발에 대한 이야기보다는 소프트웨어 개발에서 오는 '감성'을 다루는 쪽으로 이야기를 전개하고 있는데요. 꽤 재미있게 읽을 수 있는 산문이고, 생각지 못한 부분을 알게 해주는 조언이었습니다.

코딩 호러가 들려주는 진짜 소프트웨어 개발 이야기
엉터리 개발자에서 벗어나 진정한 개발자로 거듭나라!, 2013년

조엘 스폴스키와 스택오버플로를 만든 제프 앳우드의 책입니다. 제프 앳우드 역시 조엘 스폴스키가 〈조엘 온 소프트웨어〉를 썼던 방식으로 책을 썼습니다. 자기 블로그의 내용을 책으로 만들어 출판한 것이죠. 소프트웨어 개발자가 평소에 소소하게 갖게 되는 의문점에 대한 대답을 듣는 것 같은 느낌을 주는 책입니다.

코딩 호러의 이펙티브 프로그래밍
스택 오버플로우 공동 창립자가 알려주는 소프트웨어 개발의 비밀, 2013년
조엘 스폴스키와 제프 앳우드의 책입니다. 〈코딩 호러가 들려주는 진짜 소프트웨어 개발 이야기〉처럼 블로그를 모아서 책으로 낸 것입니다. 제프 앳우드의 책을 읽다 보면, 블로그에 이런 글을 썼었나 싶은 글이 있습니다. 그래서 가끔 검색해서 찾아보면 정말 있습니다. 어떻게 정보를 모으고 블로그를 쓰는지 궁금할 정도로 질 높은 글을 블로그에 쓰는데요. 문제는 꽤 자주 블로그를 한다는 데 있습니다. 정보의 흡수 그리고 그걸 정리해서 블로그로 옮기는 능력이 부럽습니다.

클린 소프트웨어
애자일 원칙과 패턴, 그리고 실천 방법, 2017년
2004년 '소프트웨어 개발의 지혜'라는 제목으로 출간한 책을 로버트 C 마틴이 재출간한 것을 번역한 책입니다. 처음 출간한 년도를 따져보면 '클린 ~' 시리즈에서 가장 먼저 세상에 나온 책이라고 볼 수도 있겠네요. 이 책이 중요한 것은 SOLID라는 객체지향 설계 규칙을 처음 설명했던 책이기 때문이 아닐까 싶습니다. 책을 읽다 보면, 이건 좀 옛날 이야기다 싶은 느낌이 드는 이야기도 있긴 하지만, 필독 도서 목록에 두고 언젠가는 읽어볼 책으로 기억해두면 좋겠습니다.

클린 코더
단순 기술자에서 진정한 소프트웨어 장인이 되기까지, 2016년
로버트 C 마틴의 '클린 ~' 시리즈 두 번째 책입니다. 저는 이 책이 나오자마자 구해서 읽었는데요. 2016년에 책을 읽고 쓴 리뷰를 보니 "감동적인 책이었다"라고 쓰고 있네요. 로버트 C 마틴은 멘토 같은 느낌을 주는 저자입니다. 로버트 C 마틴의 책을 읽고 있으면, 나이 든 멘토의 옛날 이야기를 듣고 있는 것 같거든요(특히, 〈클린 코더〉를 읽을 때 그런 감성이 컸습니다).

어떤 분야가 되었던, 전문가로 내딛기 위해서는 멘토가 필요합니다. 하지만 우리나라 소프트웨어 개발자들은 멘토를 찾기 힘듭니다. 멘토라고 자처하는 사람들 중에는 멘토보다는 꼰대에 가까운 경우도 많고요. 그래서, 〈클린 코드〉를 읽으며, 진정한 멘토는 이런 느낌이 아닐까 하는 생각을 하게 되고 '감동'을 받았던 것 같습니다.

우리나라에 로버트 C 마틴의 '클린 ~' 시리즈는 〈클린 코드〉, 〈클린 코드〉, 〈클린 아키텍처〉, 〈클린 소프트웨어〉, 〈클린 애자일〉 이렇게 다섯 권이 국내에 출간되었습니다. 아마존을 보면 〈Clean Craftmanship(2021)〉이란 책도 있긴 한데 우리나라에서는 아직 검색되지 않네요. 그동안 마틴의 책에서 감동을 많이 받았기 때문에 〈클린 장인정신〉이 번역 출판되면 제일 먼저 구해 볼 듯합니다.

탁월한 아이디어는 어디서 오는가
700년 역사에서 찾은 7가지 혁신 키워드, 2012년

탁월한 아이디어를 돌출하는 방식과 배경 지식을 설명하는 책입니다. 우리는 탁월한 아이디어가 뉴턴의 사과처럼 어느 날 갑자기 떠오르는 것으로 이해하는 경향이 있는데요. 뉴턴 조차도 "거인의 어깨 위에 서서 먼 곳을 본다"라고 이야기했습니다. 다시 말해, 수많은 학계 선배들이 쌓아 놓은 거인의 어깨에 오르는 노력이 선행되었기 때문에, 머리 위로 떨어지는 사과를 보고 인류 문명을 가를 탁월한 이론을 탄생시킨 것입니다. 그렇다면 우리는 사과 떨어지기를 기다리기보다 거인의 어깨에 오르는 걸 먼저 해야겠죠.

탁월함에 이르는 노트의 비밀
인류역사상 가장 뛰어난 천재들의 노트, 2008년

한동대학교 이재영 교수의 책입니다. 노트 쓰기를 강조하는 내용이고요. 우리가 천재라고 알고 있는 사람들이 결국은 노트 쓰기를 통해서 그런 업적을 만들어 냈다고 설명하고 있습니다. 이재영 교수의 노트 쓰기는 연구하는 주제에 대해 노트를 하나씩 만들어내는 건데요. 노트를 완성할 때쯤 되면 연구 주제가 완성된다는 이야기를 하고 있습니다.

특히, 이재영 교수의 이야기는 인터넷에서 '세바시 강연'으로 검색해서 볼 수 있는데요. 책을 읽었을 때도 그렇지만, 강연을 보고도 동기부여를 강하게 받았습니다.

테스트 주도 개발 2014년

애자일과 익스트림 프로그래밍(개발 방식)을 주도해온 켄트 벡의 책입니다. 저는 이 책을 두 번 정독했는데요. 첫 번째는 2009년쯤 2004년판을 읽었고요. 두 번째는 2014년판을 2019년에 읽었습니다. 거의 10년 터울을 두고 책을 읽은 것이죠. 첫 번째 읽을 때는 별다른 감동이 없었기 때문에, 리뷰도 제대로 남겨두지 않았는데요. 두 번째 읽으면서는 꽤 많은 감동을 받았습니다. 책의 내용은 크게 바뀐 것이 없을 테니, 책을 읽는 제가 바뀌어서 책의 내용을 더 많이 받아들일 수 있는 상황이 된 것입니다. 10년쯤 후에 한 번 더 이 책을 읽으면 더 많은 것을 느낄 수 있지 않을까 싶은 그런 책입니다. 필독서죠.

특이점의 신화
인공지능을 두려워해야 하는가, 2017년

〈특이점이 온다〉라는 책에 대한 반박 내용을 담고 있는 책입니다. 〈특이점이 온다〉를 보려고 책을 찾다가, 반박 내용이라면, 본진의 내용도 담고 있지 않을까 해서 읽었는데요. 꼼꼼한 논리가 인상 깊은 책이었습니다. 다만, 이 책을 읽고 나니 〈특이점이 온다〉도 읽어봐야겠다는 생각을 하게 되었습니다. 다행히도 〈특이점이 온다〉를 쓴 레이 커즈와일의 다음 책 〈마음의 탄생〉이 있는 것을 알게 되었고, 이를 읽어볼 생각입니다.

파워풀
넷플릭스 성장의 비결, 2020년

넷플릭스의 인사 책임자로서 14년간 일하다가 나와서 자기 길을 가기 시작한 패티 맥코드가 쓴 책입니다. 넷플릭스의 인사제도에 대한 이야기이고요. 책을 읽으면서 느꼈던 특이한 점은 책에 인용이 별로 없다는 것입니다. 넷플릭스의 인사 책임자로서 '경험'이 책 내용 대부분을 차지하고 있더군요.

넷플릭스는 두 번째 석공들의 이야기가 아닌가 싶습니다. 저는 우리 책 본문에서 피터 드러커의 우화를 이야기했는데요. 두 번째 석공은 "나는 이 나라에서 제일 훌륭한 석공 일을 하고 있습니다"라고 말하는 사람입니다.

4차 산업시대를 준비하는 기업이라면, 넷플릭스의 변화를 눈여겨봐야 하지 않을까 싶습니다.

파인만 씨 농담도 잘하시네 2000년

리처드 파인만은 노벨상 수상자입니다. 물리학자라는 타이틀에 걸맞지 않게 장난기 있는 삶을 살았는데요. 그의 자서전이 〈파인만 씨 농담도 잘하시네〉입니다. 1, 2권으로 나뉘어진 이 책을 보고 있으면, "세상을 이렇게 재미있게 살 수 있구나" 싶습니다. 삶의 자세에 대해 많은 것을 생각하게 합니다.

퓨처 마인드 2011년

〈내 아이가 만날 미래(2013)〉에서 정지훈 교수가 언급한 것을 보고, 찾아 읽은 책입니다. 니콜라스 카의 책과 비슷한 내용이고, "디지털 문화에 대한 위험성을 경고하였다"라고 언급되어 있더군요. 니콜라스 카의 〈생각하지 않는 사람들〉과 어떻게 비슷하고 다른지 궁금해서 보게 되었습니다.

니콜라스 카는 인터넷을 사용해 읽기를 하는 것에 초점을 맞추어 '생각하지 않는 사람'이 되어간다고 주장했다면, 〈퓨처 마인드〉의 리처드 왓슨은 인터넷보다 기기 사용 쪽에 초점을 맞추고 있습니다. 학생들이 '대충대충 건성으로 공부하는 경향'을 갖게 되는 원인이, 책을 덜 읽게 되는 원인이, 학생평가 시험 성적이 떨어지는 원인이 컴퓨터와 같은 ICT 기기 사용에 있다고 보는 것입니다.

〈퓨처 마인드〉와 〈생각하지 않는 사람들〉은 같은 것 같지만 다른 주제로 시작해서 다른 것 같지만 비슷한 결론에 이르는 책이 아닌가 싶습니다. 어쩌면 이 시대 지성인들이 가지고 있는 걱정이 비슷한 게 아닌가 싶기도 하고요.

하루 세줄, 마음 정리법
일본 최고 의사가 전하는 스트레스 리셋 처방전, 2015년

일본의 저명한 의사 고바야시 히로유키의 책입니다. 이분은 상당히 책을 많이 쓰는 분인데요. 〈하루 세줄, 마음 정리법〉은 방송인 정선희 씨가 번역해서 더 이목을 끌었던 것 같습니다. 정선희 씨는 '세바시 강연'에도 출연해서 이 책에 나오는 '세 줄 일기'를 언급하기도 했고요.

고바야시 히로유키가 '세 줄 일기'를 쓰라는 건, '건강' 때문입니다. 일기 쓰기의 주요 목표가 '건강'이라니 의아한데요. 세 줄 일기를 써본 사람들은 1~2주 안에 변화를 느낄 수 있다니, 한편으로는 의심의 눈초리로 다른 한편으로는 그 이야기를 믿어볼 요량으로 책을 읽게 되는 것 같습니다.

삶이 뒤죽박죽인 것 같고, 컨디션이 엉망이라는 생각이 든다면, 이 책을 읽고 한번 세 줄 일기를 도전해보는 것도 괜찮을 듯합니다.

한계비용 제로 사회
사물인터넷과 공유경제의 부상, 2014년

제레미 리프킨의 책입니다. 쓰는 책마다 굵직굵직한 내용이고, 세상의 변화를 이야기하는 제레미 리프킨입니다. 솔직히 어떻게 그런 생각을 해내는지도 궁금한 사람이죠. 〈한계비용 제로 사회〉는 시장 자본주의 경제의 영향력이 향후 약화될 것을 예견하고 있습니다. 시장 자본주의는 생산성을 높이는 방향으로 변화해왔는데요. 생산 추가 비용이 제로에 가까워지면, 상품 가격이 공짜에 가까워지게 되고, 기업의 이윤이 고갈될 거라는 거죠. 그럼 시장 자본주의 경제의 발전 메커니즘은 멈춰 서게 되는데요. 여기에 태양열 에너지의 생산비용이 석유 에너지의 생산비용보다 싸게 되면, 협력적 공유 사회가 시장 자본주의보다 더 큰 영향력을 행사하게 될 것이라는 전망입니다. 제레미 리프킨의 주장으로는 2050년 무렵에는 그런 일이 있을 거라고 하는 거죠.

함께 자라기
애자일로 가는 길, 2018년

국내 애자일 분야 선각자인 '김창준' 님의 책입니다. 2000년대 초반 애자일 관련 번역서에는 여지없이 번역이나 감수자로 참여했던 분이고 지금도 애자일 진영에서 일을 하고 있습니다. 책 제목에서 느끼겠지만, 조직의 학습에 대해서 이야기하고 있는 책입니다.

행운에 속지 마라
불확실한 시대에 살아남는 투자 생존법, 2016년

나심 니콜라스 탈레브의 책입니다. 2011년 초에 〈블랙 스완〉을 읽고 감명을 받았던 저는 나심 탈레브의 다른 책을 찾아보고 있었는데요. 2010년에 번역 출판된 〈행운에 속지 마라〉를 찾아낼 수 있었습니다.

성공은 어쩌면 '운'에 있을 가망성이 높습니다. '성공'했다는 사람들의 성공담, 예를 들어 '아침형 인간'이 성공한다면 아침형 인간 모두 성공하는 건 아니거든요. 아침형 인간 중에서 운이 좋은 사람이 성공했다고 봐야겠죠. 그리고 심지어 성공 못할 것 같은 사람이 성공하는 경우도 있고요. 성공을 운이라고 보지 않는다면, 결과적으로 본인의 성실성이나, 기지 같은 것에 돌리게 되고,

기업의 경영자로서 성공한 사람이라면, 향후 기업을 이끌어갈 때도 그것을 경영철학으로 삼을 겁니다. 이건, 성공한 개인에게도 리스크이지만, 그 사람의 영향을 받는 조직에도 문제입니다. 어느 순간 〈블랙 스완〉을 만나게 될 수도 있거든요.

찾아보기

5G 85

2020 우주의 원더키디 14

C~Y

CORBA 43

C 언어 36

GPT-3 55

IBM의 팽창정책 118

IMF 233

Y2K 이슈 249

ㄱ

가교 18

개발자 연봉 103

개인정보 81

객체지향 101

거울신경세포 219

게임 이론 80

경험 의존적 회로 133

고무 오리 113

고전 134

고정관념 106

고흐 192

교육보조재료 69

구글 83

구조적 프로그래밍 169

국어 28

그래픽 사용자 인터페이스 174

글쓰기 근육 211

금 거래소 48

기술시대 197

기억술 161

기억의 값어치 110

기우제 의식 139

기중기 18

기하학적인 사고방식 165

깃허브 202

ㄴ

남태평양 원주민 139

낭비가 가능한 기술 53

내재 동기부여 190, 236

냅킨 188

넷플릭스 84
논리적 사고 120
논증 92
뇌 조직을 재편성 131

ㄷ~ㄹ

단일 의미 원칙 255
대니얼 카너먼 119
덤불 86
도둑질 41
독서 130
딥러닝 54
띄어쓰기 93
라면 끓이기 171
레인맨 160
링컨 225

ㅁ~ㅂ

마법 88
마스터 알고리즘 67
마중물 207
말뚝 106
매킨토시 42
메커니컬 터크 222
무어의 법칙 50
무어의 법칙이 종식 56

무의식 속 수원지 208
무의식을 기록 165
무희 89
묵독 95
미래로 가는 길 43
미켈란젤로 바이러스 246
밀레니엄 버그 246
백화점 78, 81
버번 204
변연계 공명 220
불가능한 장벽 22
브룩스의 법칙 150
뻐꾸기 알 74

ㅅ

사물인터넷 84
사회진화론 218
산봉우리 24
상향식 설계 177
생각 근육 165
샤워 방법론 117
서번트 증후군 161
소프트뱅크 135
수학 28
수학자 토니 스타크 21
스몰토크 101
스택오버플로 240

시스템 1 119
시스템 2 120
식혜 171
신전략 23

ㅇ

아내의 사진 189
아웃소싱 96, 142
아이언맨 16
안드로이드 75
알고리즘 60
알고리즘을 만드는 알고리즘 63
알제의 여인들 189
알파고-리 23
알파고-제로 24
애플의 시가 총액 250
야후 83
엉뚱한 동작 65
에디슨의 발명 방식 49
영어 28
외계인 본진 206
외계 침략 206
욕실 116
우버 223
원숭이 219
웹 2.0 39

유레카 121
유튜브 84
이방원 128
인스타그램 84, 204
인앱 결제 의무화 정책 81
인터넷 생물 87

ㅈ

자동차 175
자막의 장벽 129
자비스 29
자비스로 키우는 교육 27
자비스의 코드 256
장님 코끼리 만지기 156
적자생존 217
전기 충격 219
절차적 사고 99, 168
제니퍼 애니스톤 133
죽음의 행진 234
증권 트레이딩 31
지그재그 95
지대넓얕 135
지하철 76
직관적 사고 120
진실의 순간 178
진정한 발명 49

질문 112
집사 29
쪽 번호 93

ㅊ

창조성 회복 212
책 읽기 노하우 142
책 읽기 습관 145
챌린저호 209
추상화 98
칠순 172

ㅋ

카고 컬트 139
컴파일러 35
코끼리 106
코드 리뷰 238
코딩 과외 15
코딩 열풍 15
코바 43
콘텐츠 252
콘텐츠시대 199
콜로서스 34
클라우드 컴퓨팅 44
킬러 애플리케이션 42
킴 픽' 161

ㅌ

탱크 탐지기 67
토니 스타크 16
트위터 84

ㅍ

파울로 193
파이썬 37
패더피 31
페이스북 83
평생교육 232
포도원 216
푸앵카레 122
푸앵카레의 도구 123
프리스타일 체스 경기 19
플래그 147
플랫폼 노동자 221
플랫폼의 영향력 79
피카소의 아들 193

ㅎ

하향식 설계 168
함수형 프로그래밍 180
흑인 노예 225